I LUOGHI E I TEMPI
OMAGGIO A ROMA

Ho raccolto alcune foto scattate a Roma nel periodo 2004 - 2011
in situazioni e contesti diversi e che si accomunano nel desiderio e nel piacere
del ricordo.
La curiosità di rivedere scatti passati ti prende per mano e ti porta
alla consapevolezza della trasformazione di questa città:
stessi luoghi tempi diversi.

dante perulli

TIME AND PLACES
TRIBUTE TO ROME

*This is a collection of shots taken in Rome starting from 2004 and 2011, portraying
different situations and contexts. The photos share different feelings and different
situations and most of all the pleasure of remembrance.
The desire to look back through old shots takes you to the awareness of the city
changing and transformation: same places, different times.*

dante perulli

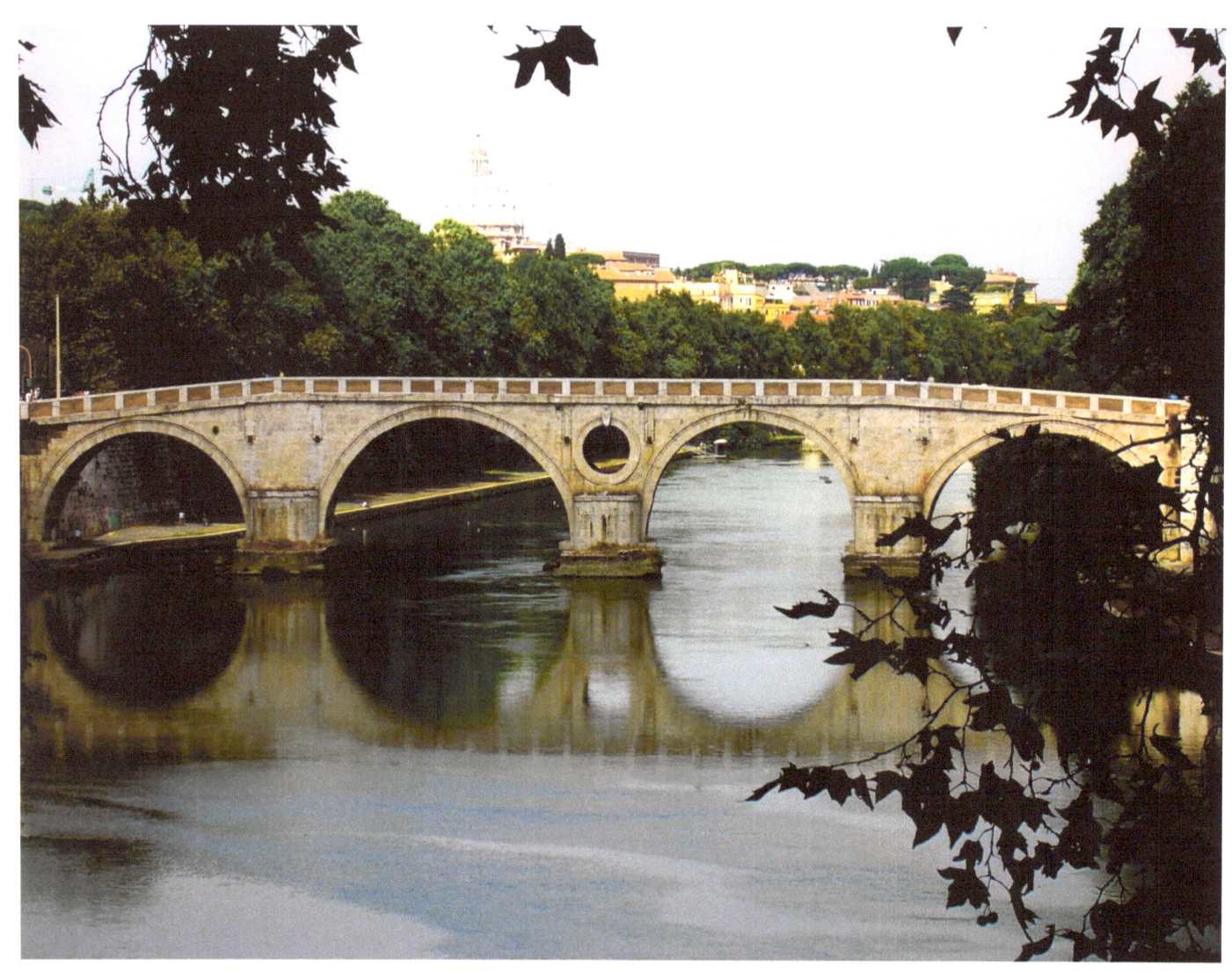

Ponte Sisto

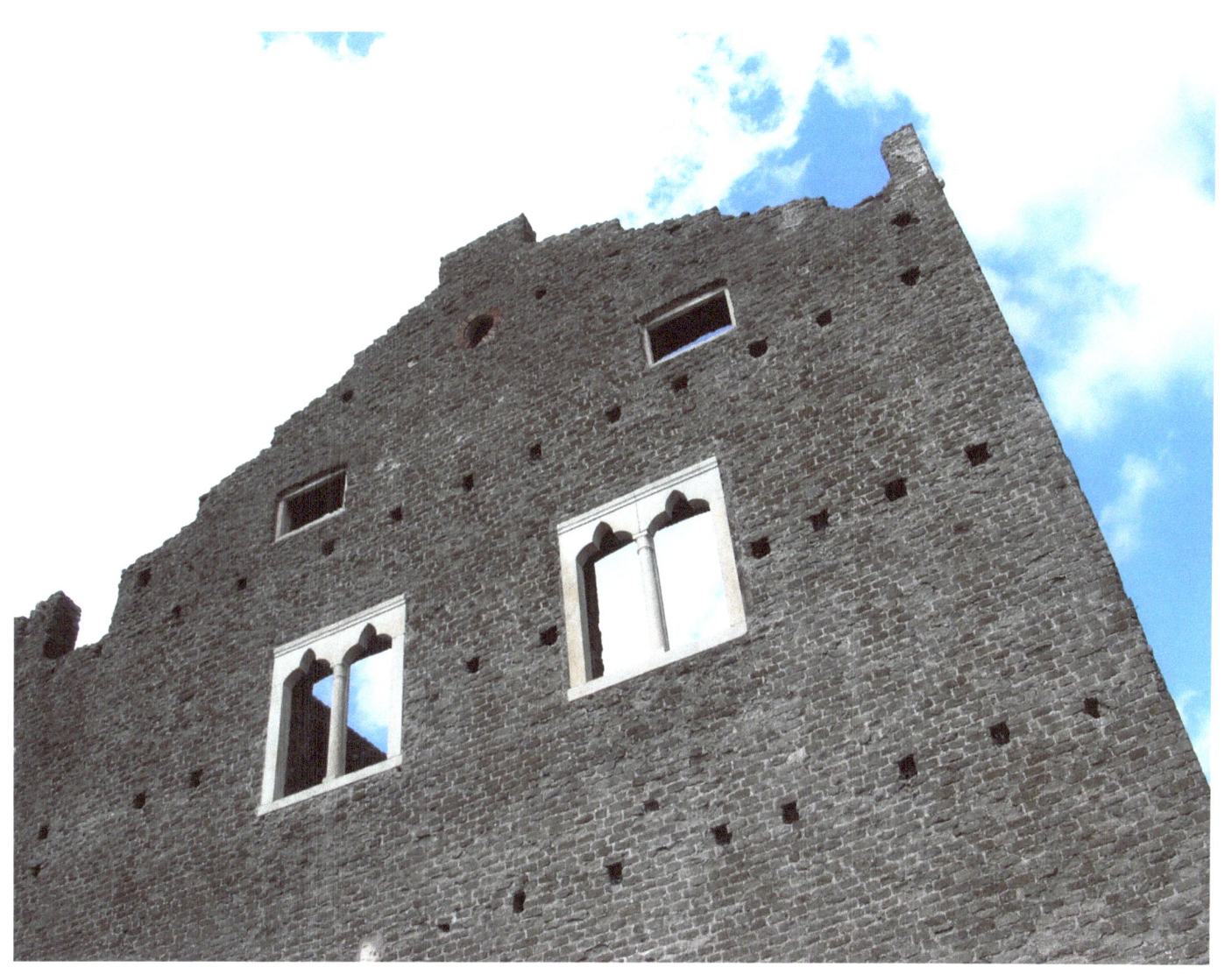

lungo l'Appia Antica

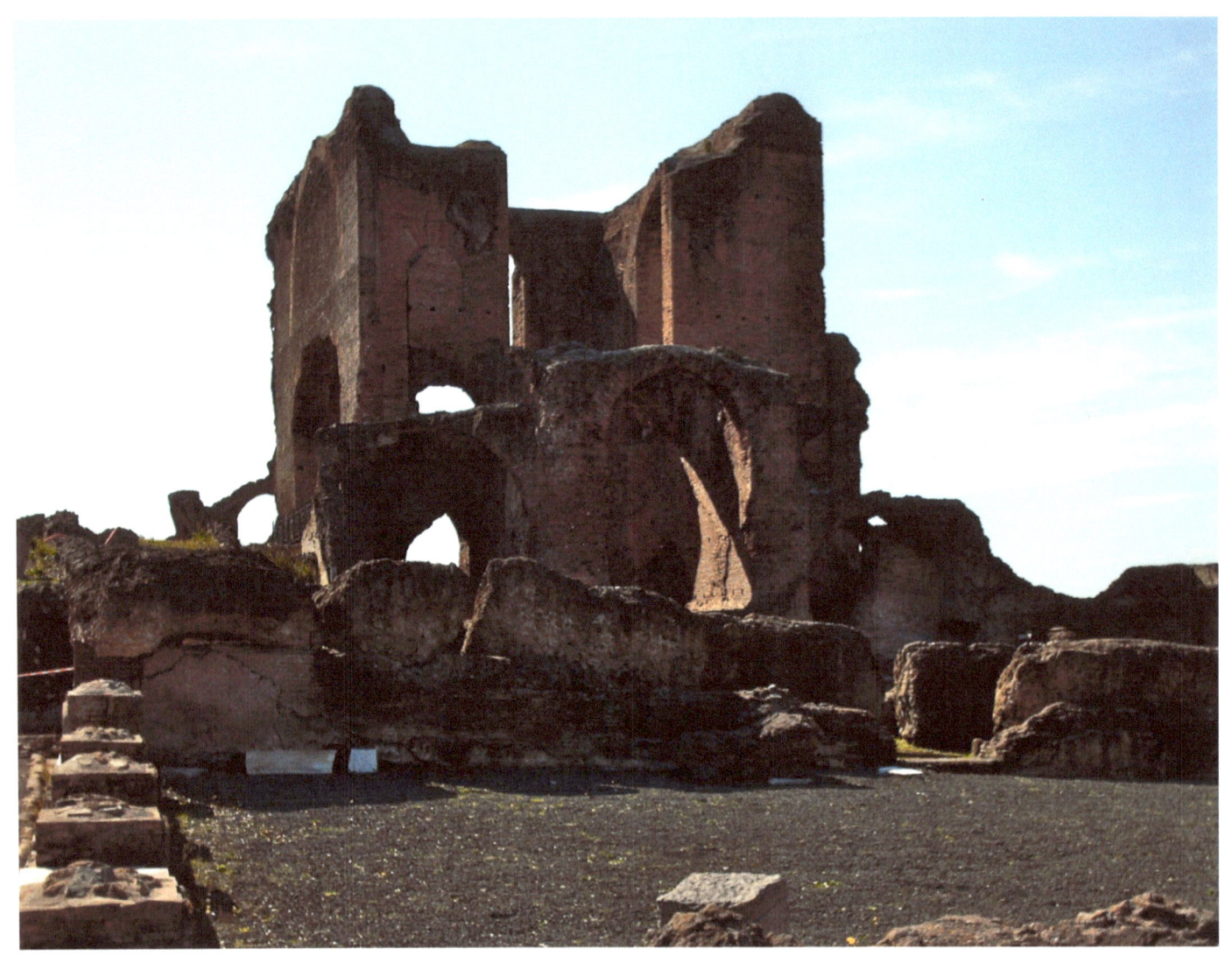

Palatino

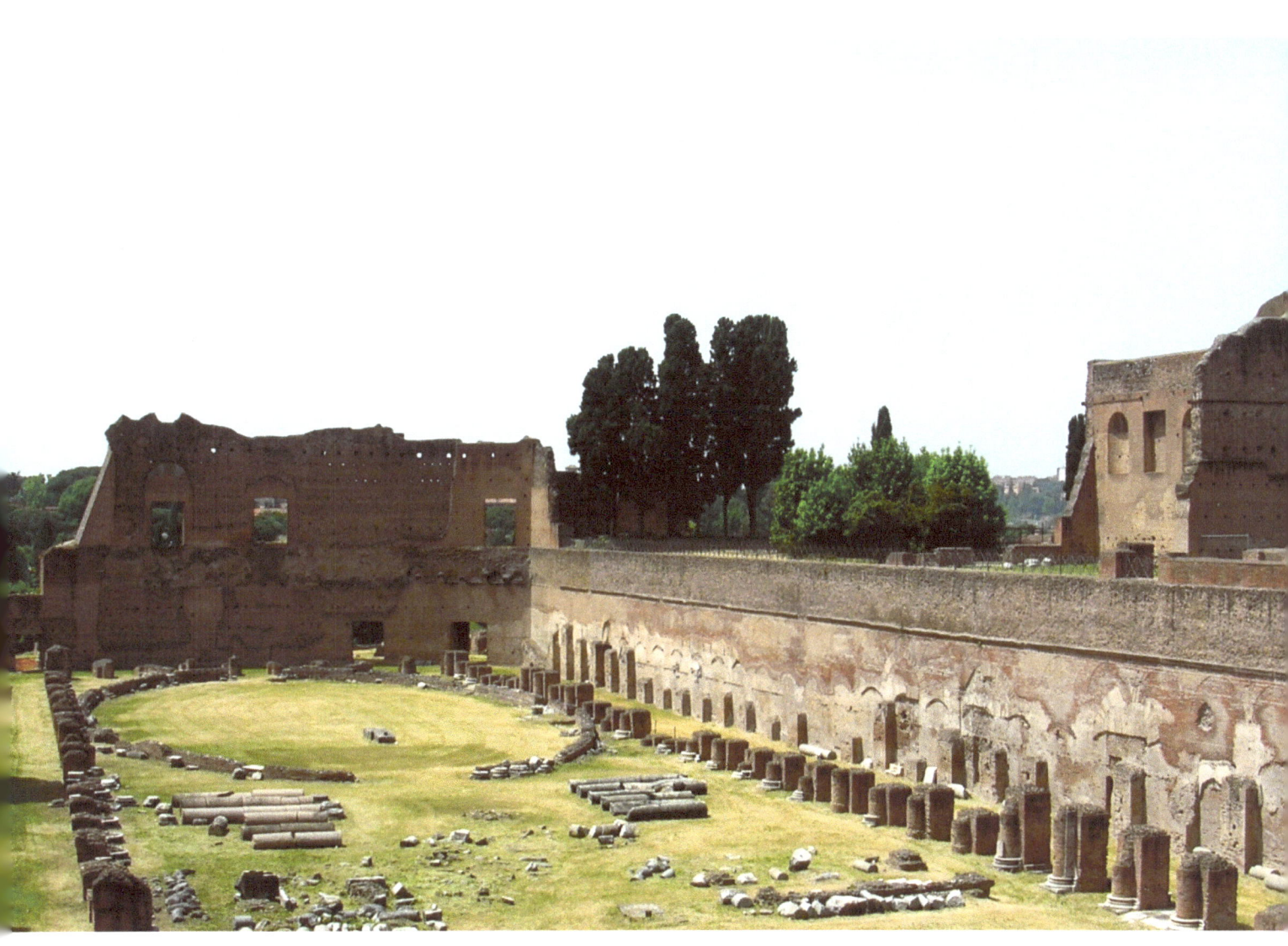

Palatino

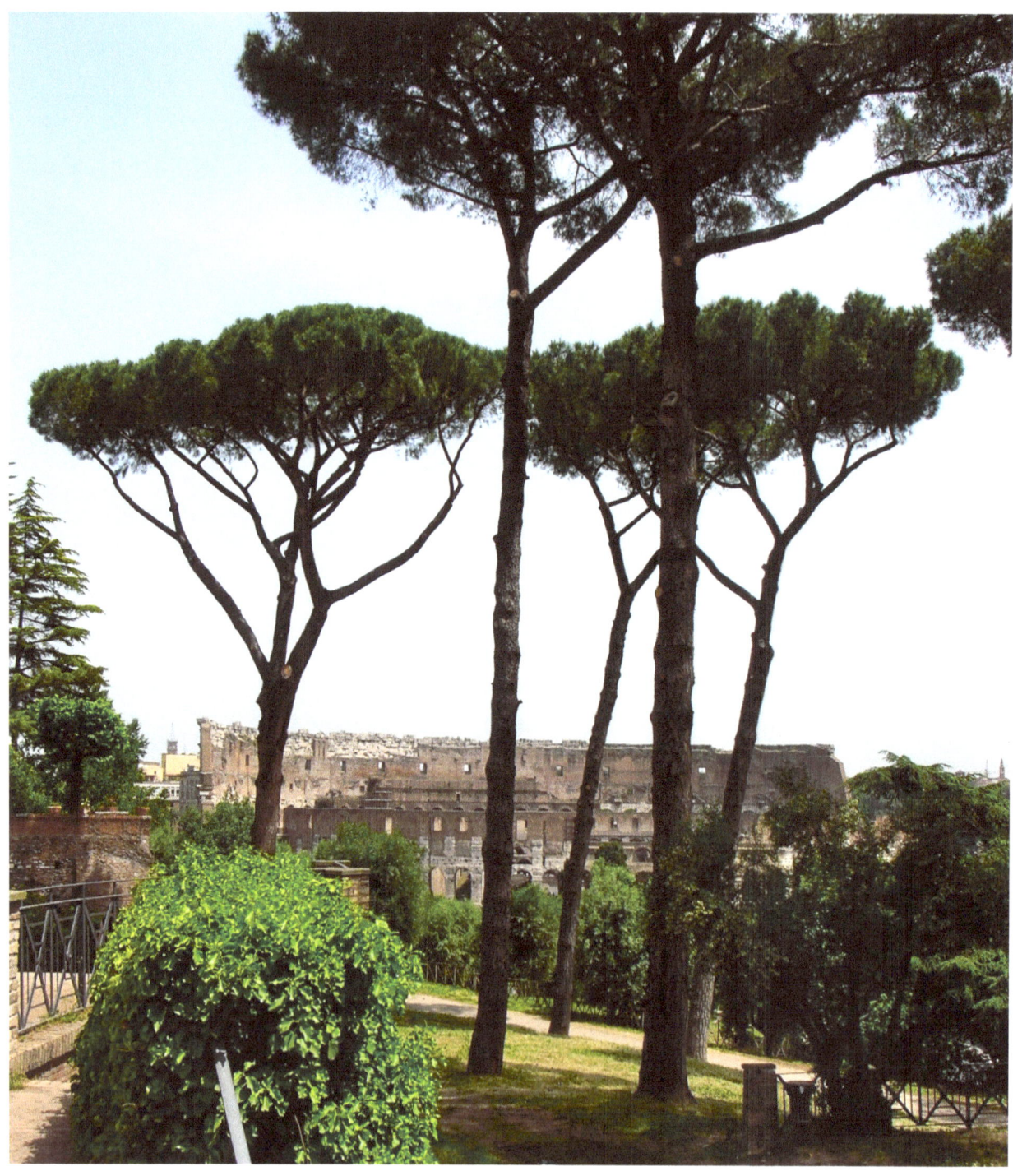

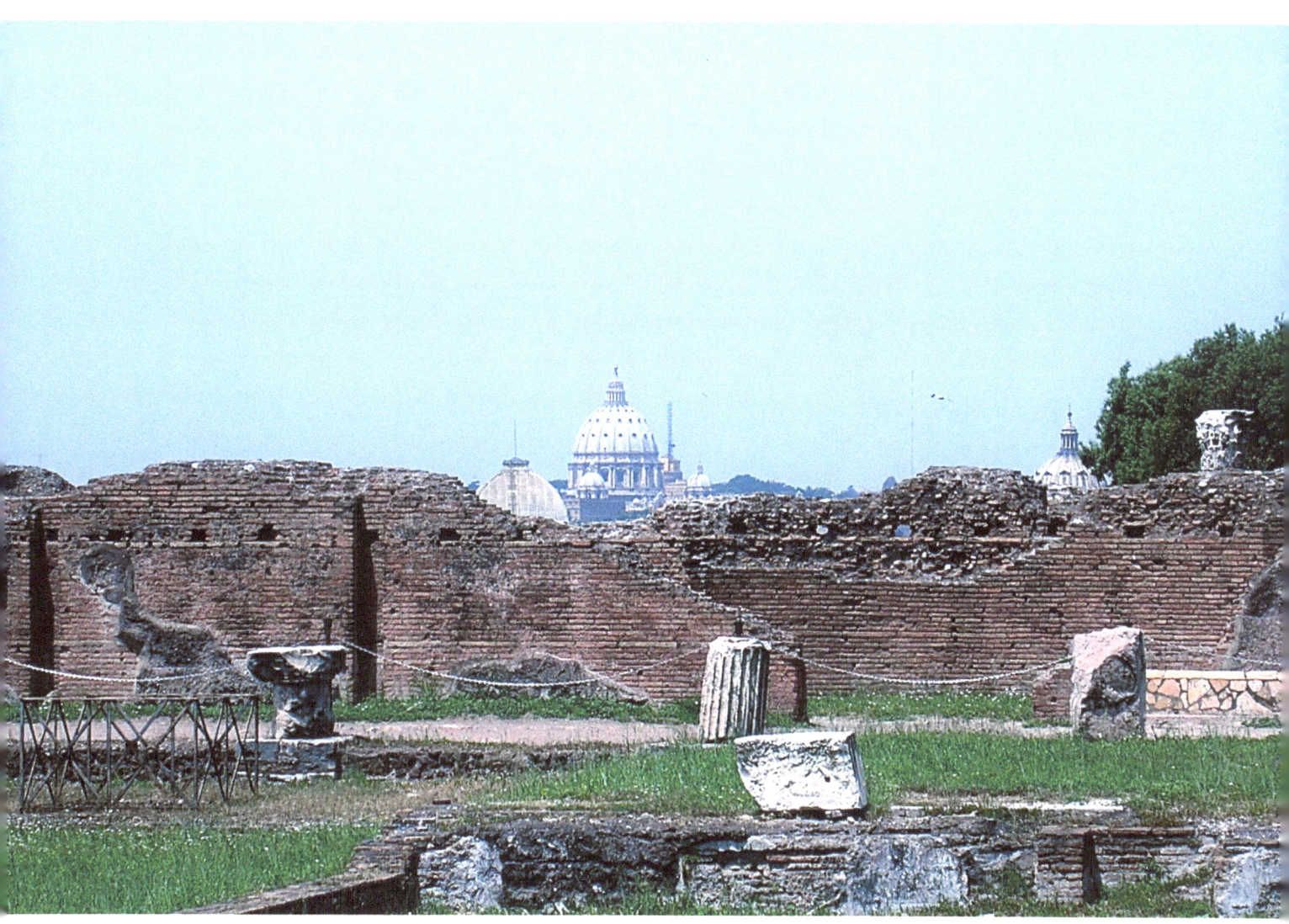

Palatino

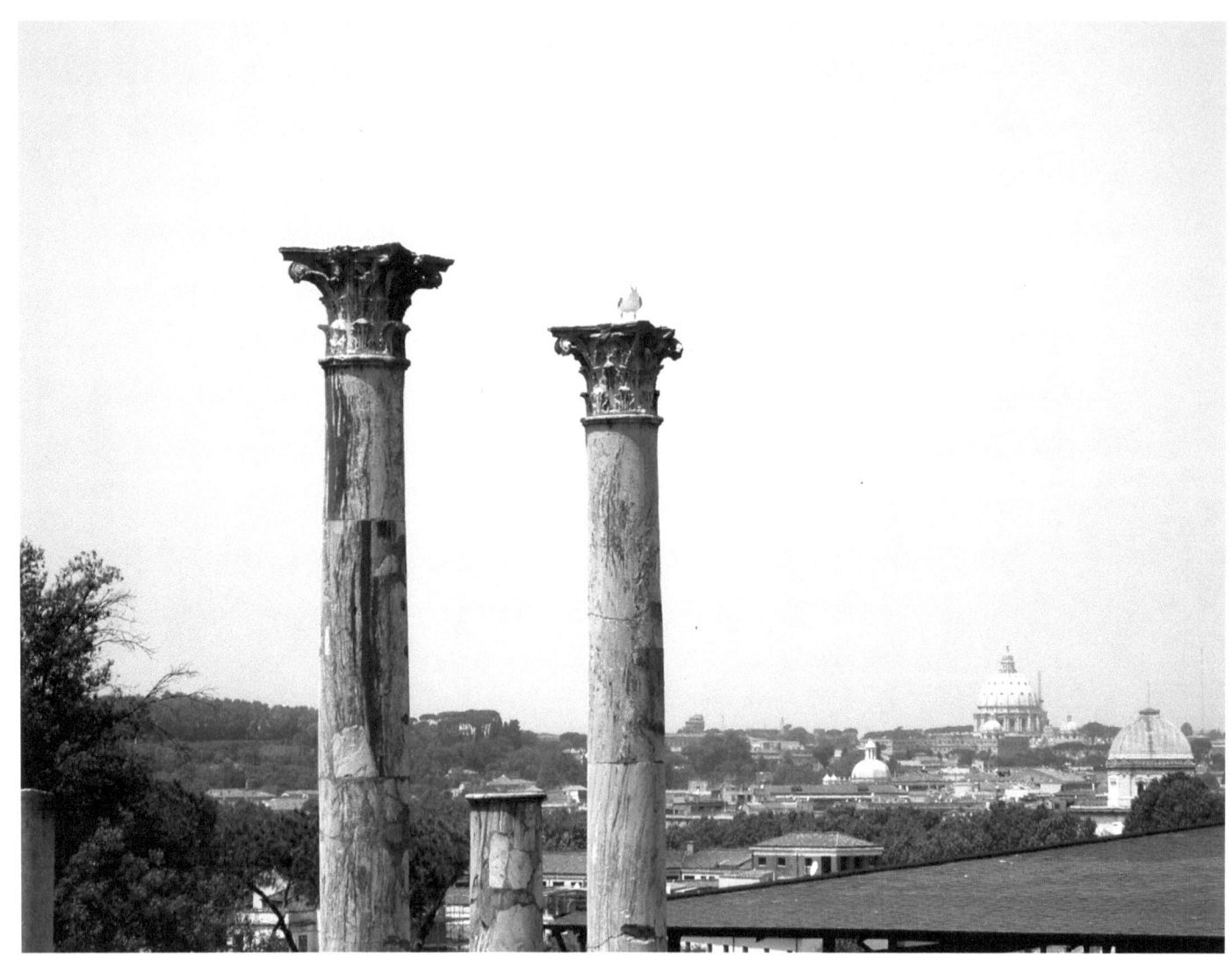

Palatino

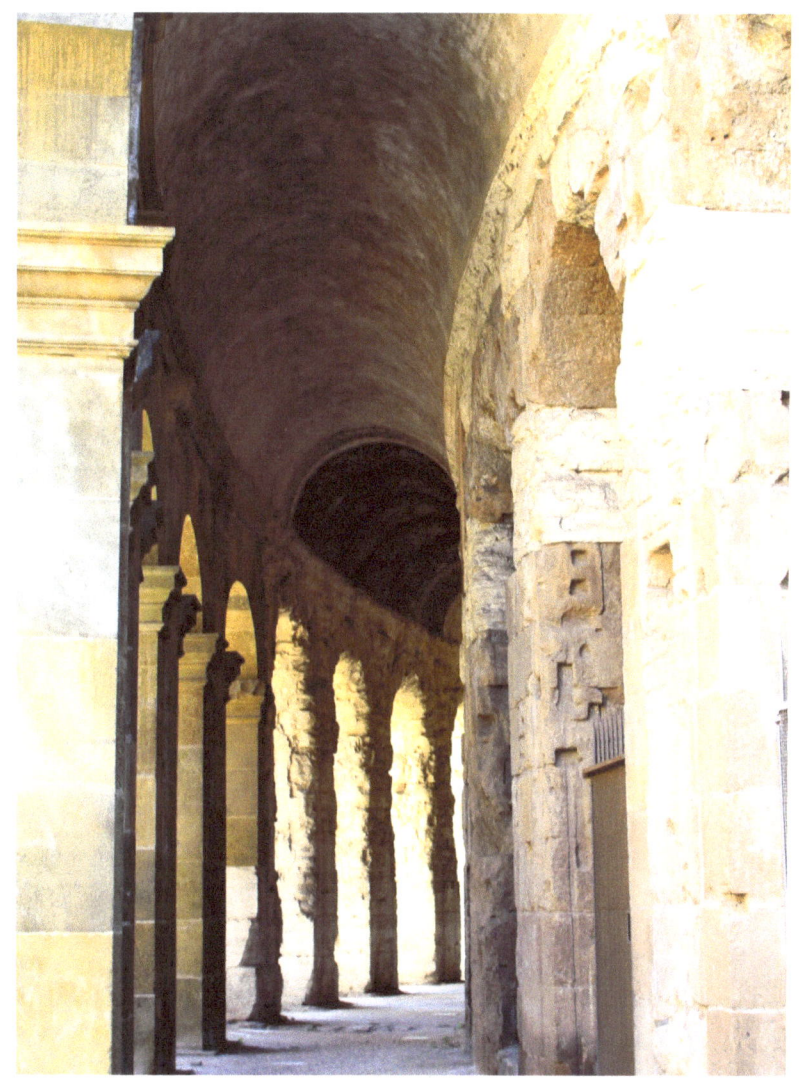

Teatro di Marcello

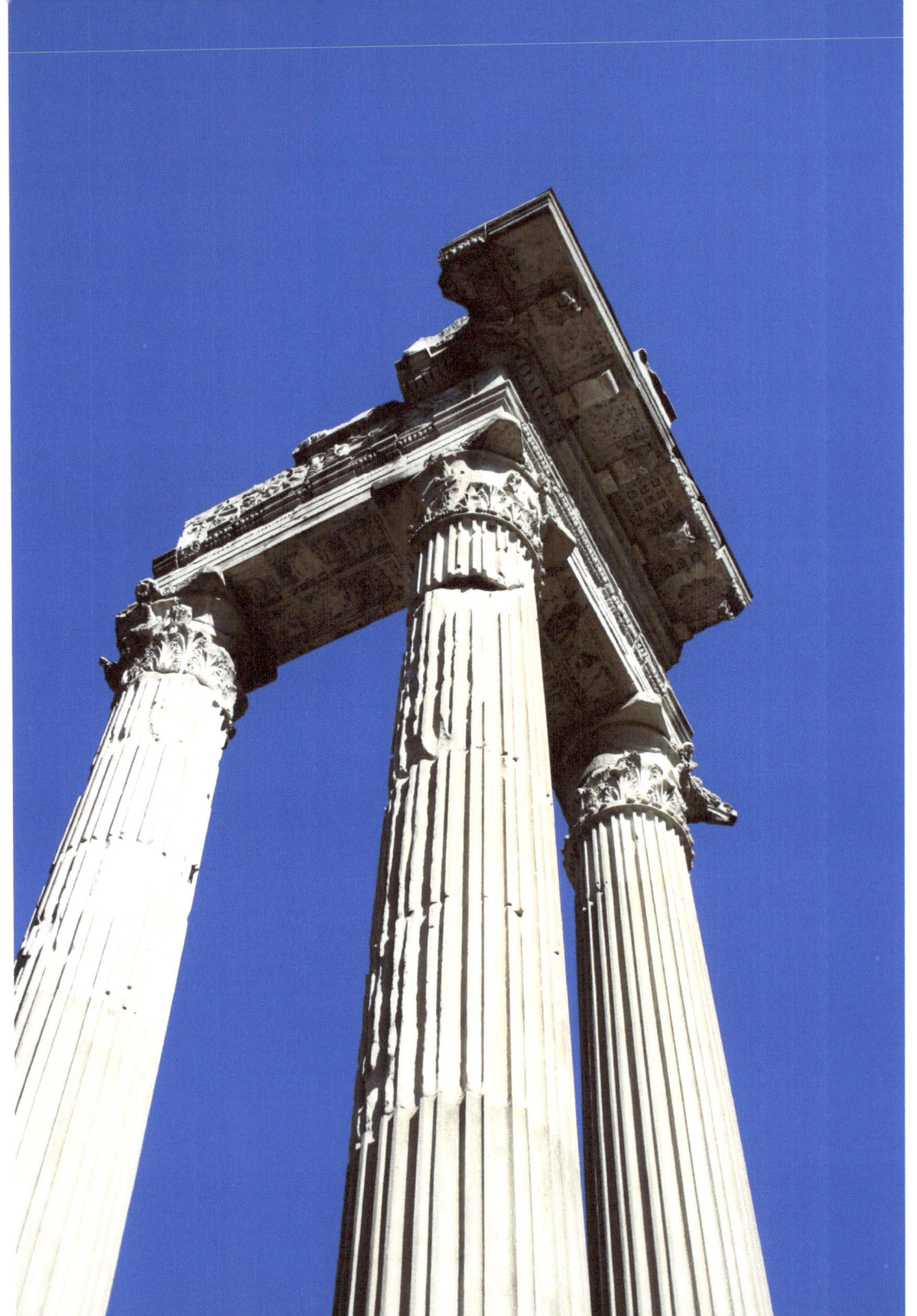

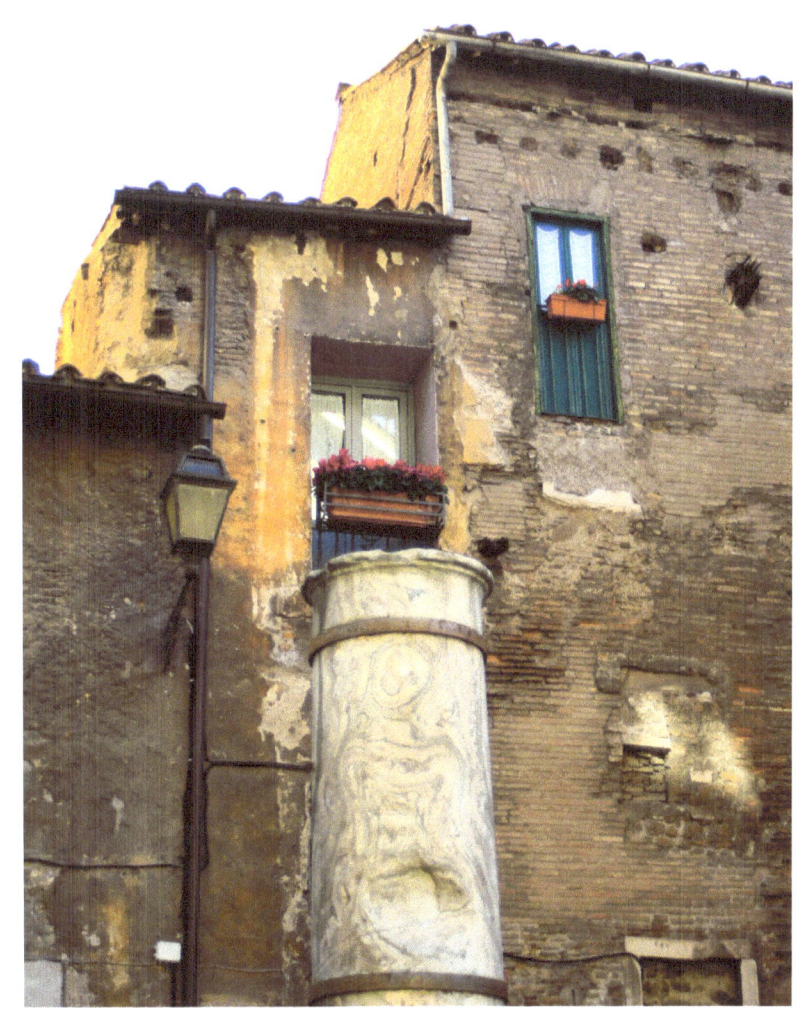

a lato / *facing page* : Teatro di Marcello
sopra / *above* : zona Portico d'Ottavia

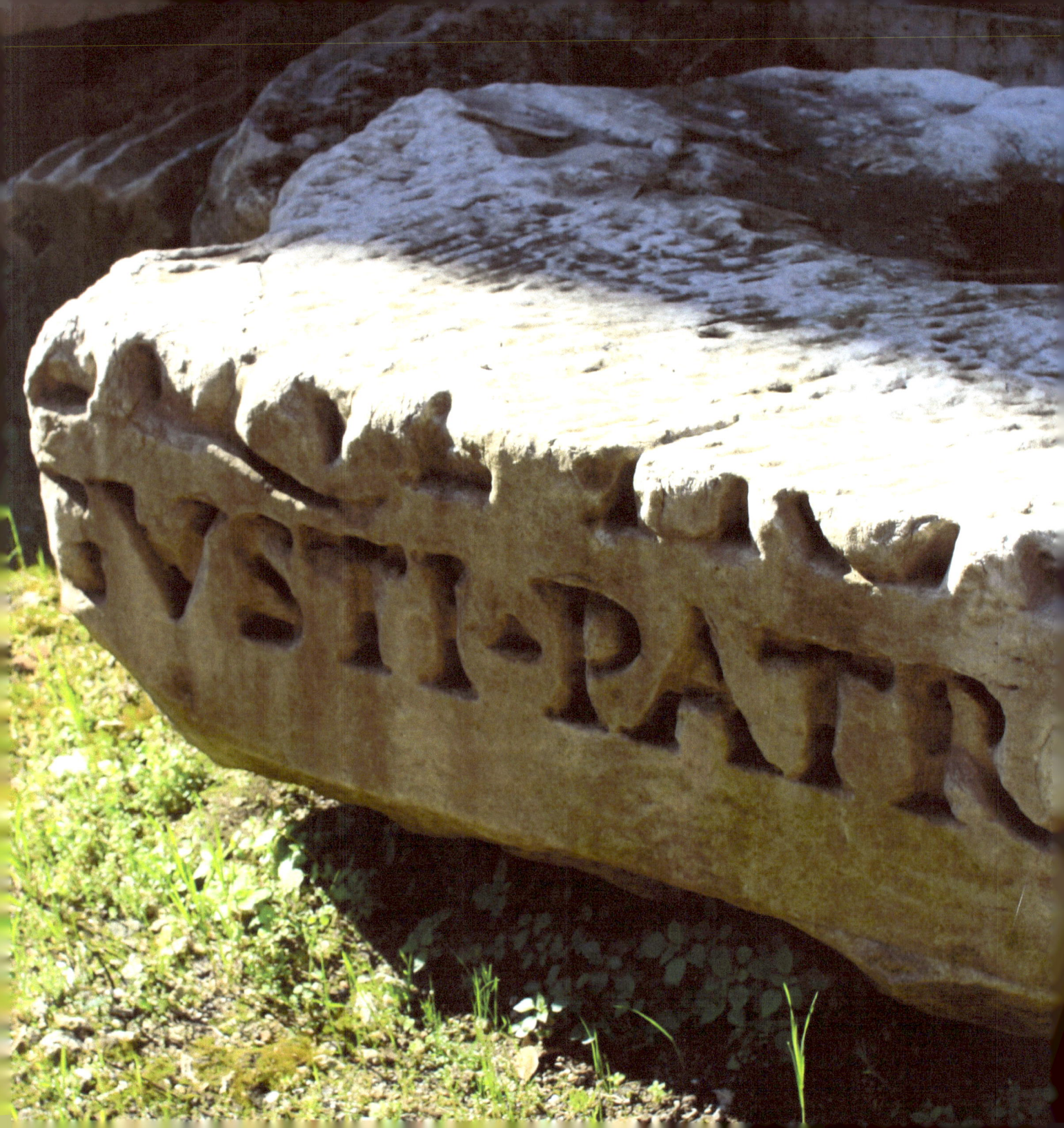

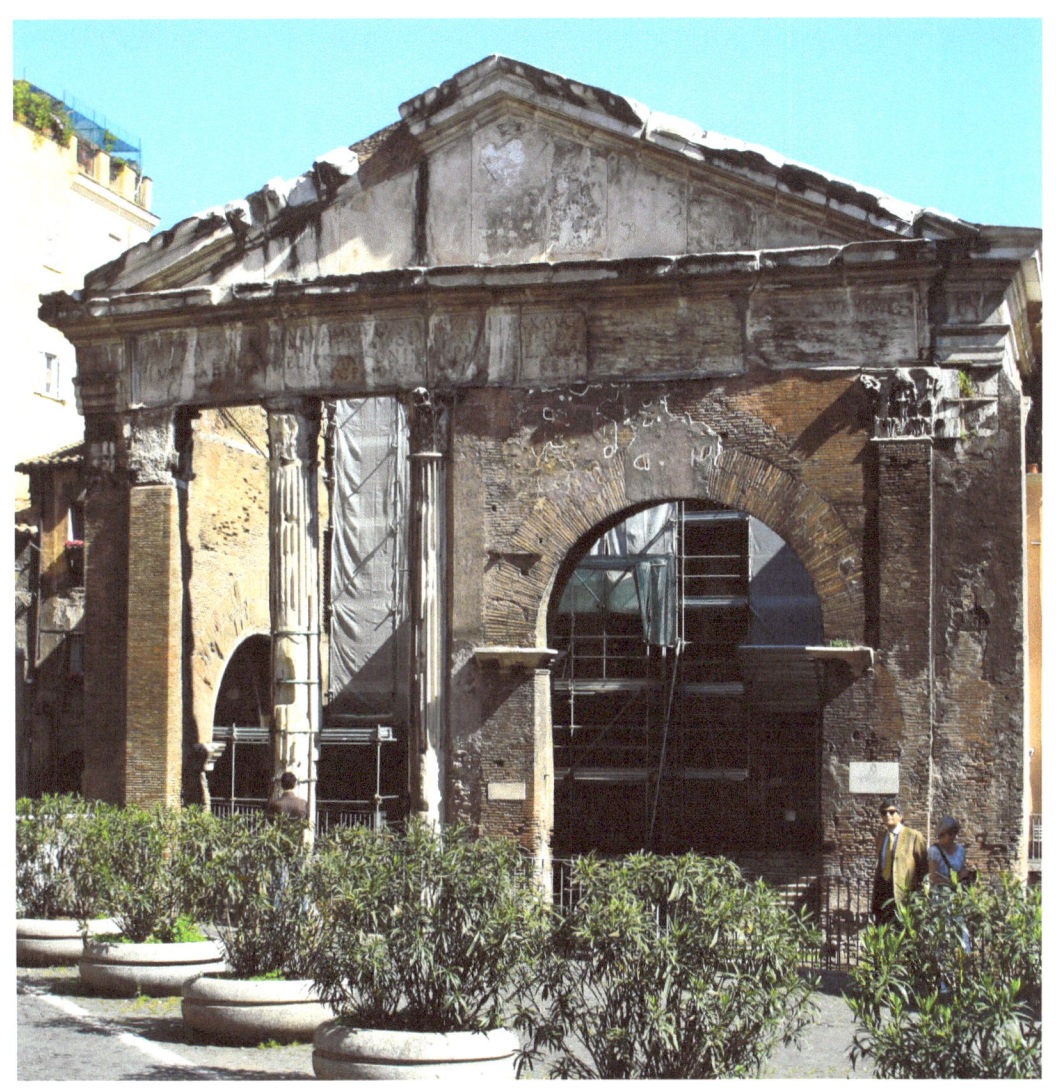

Portico d'Ottavia

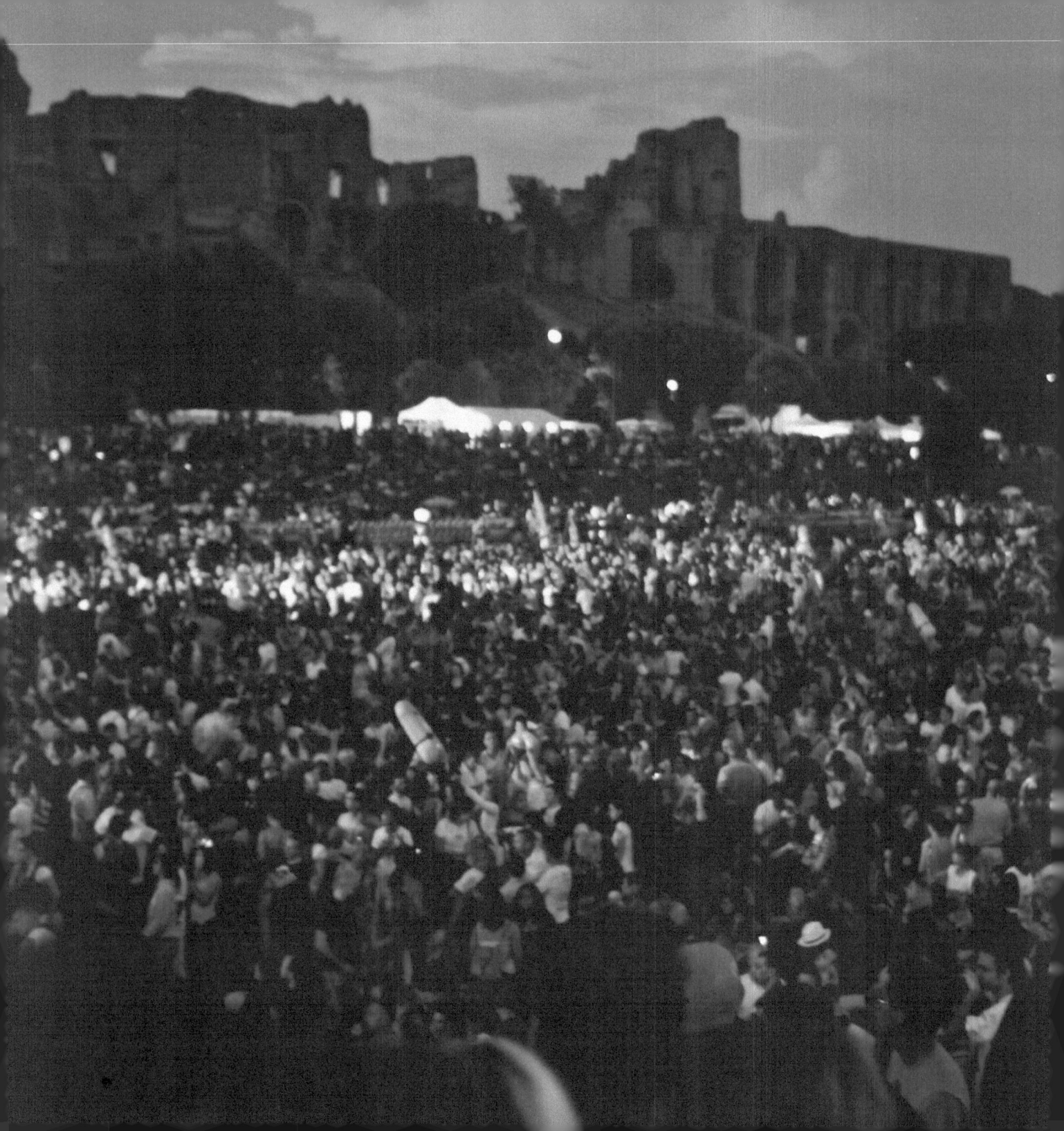

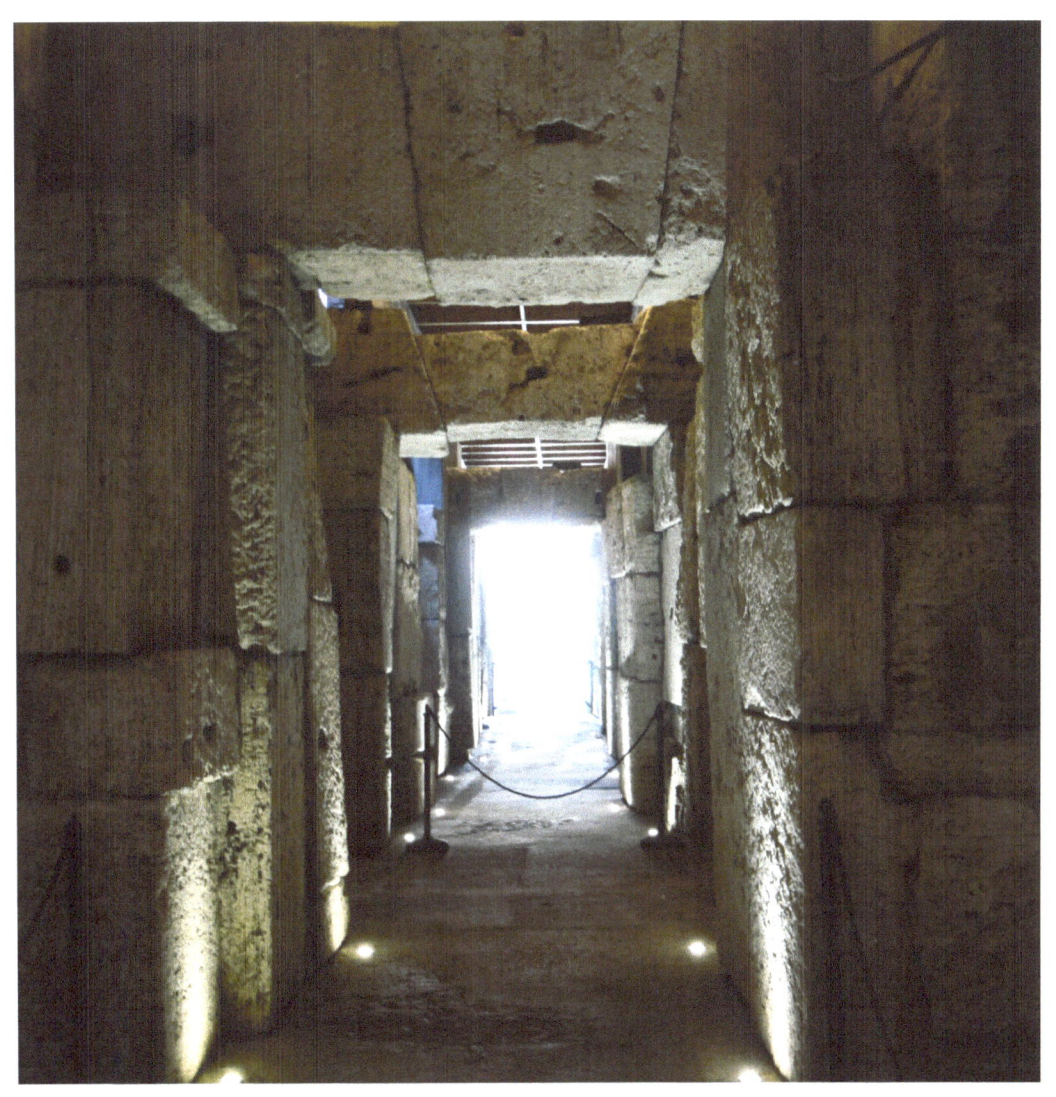

a lato / *facing page* : Circo Massimo
sopra / *above* : Colosseo

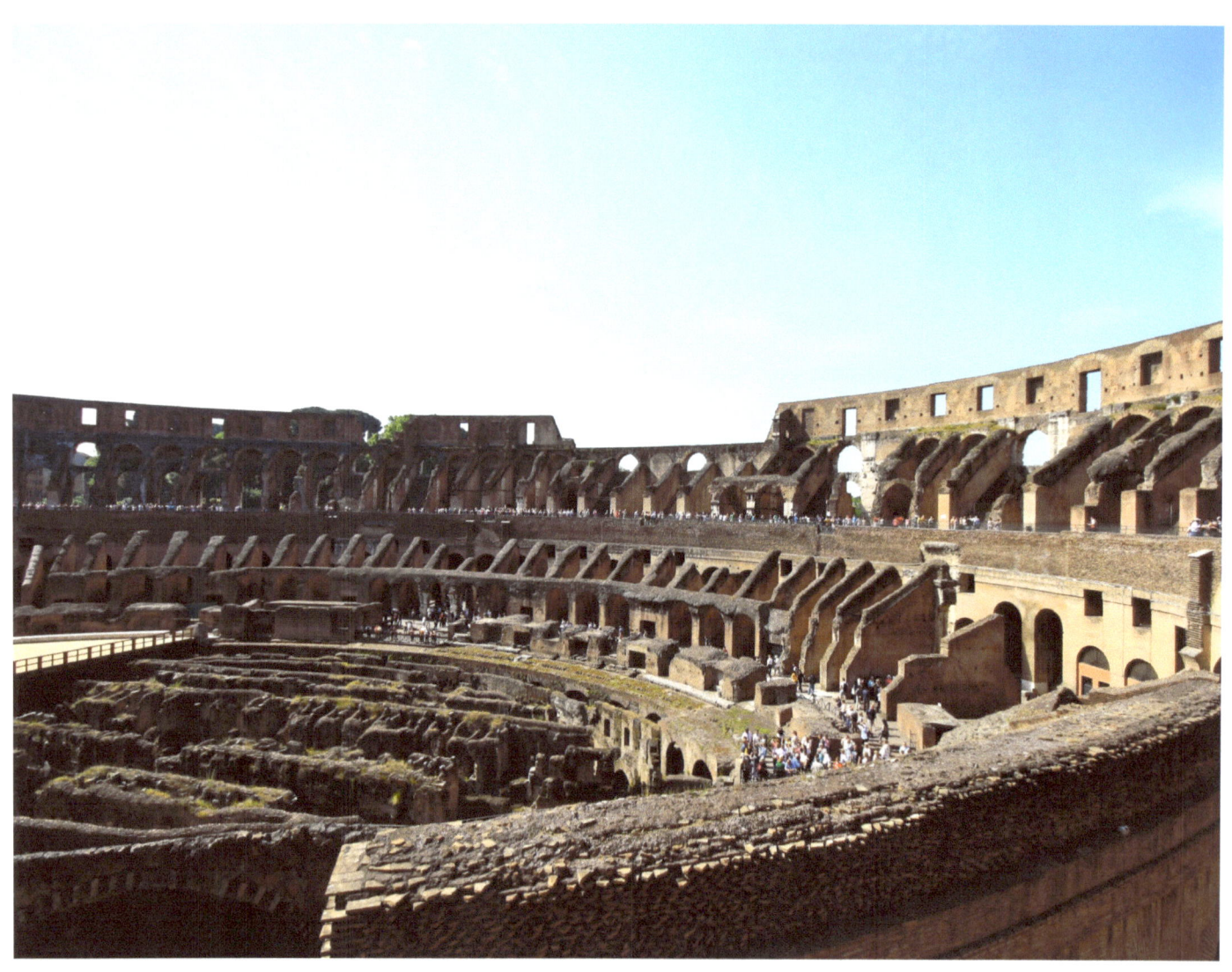

Colosseo

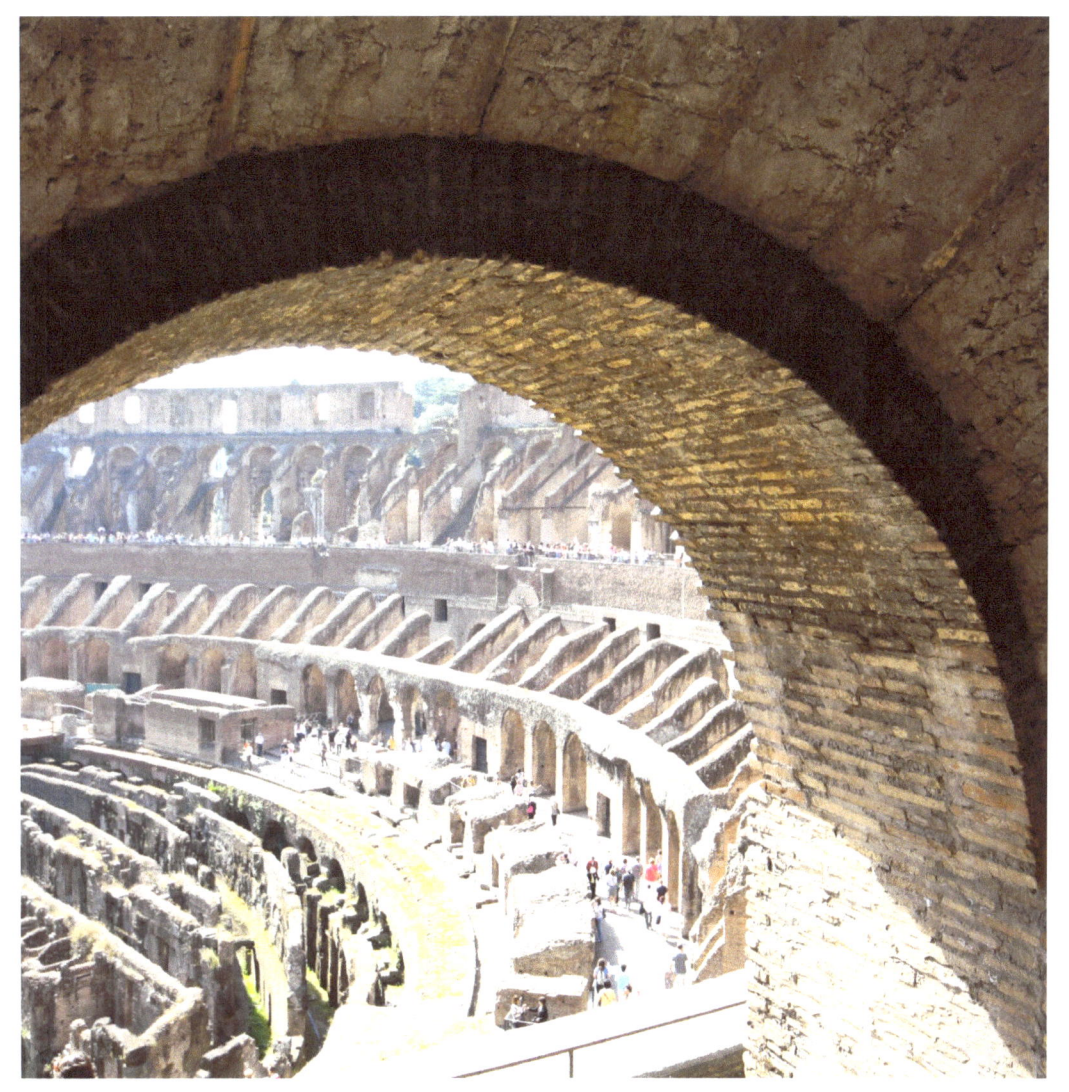

Colosseo

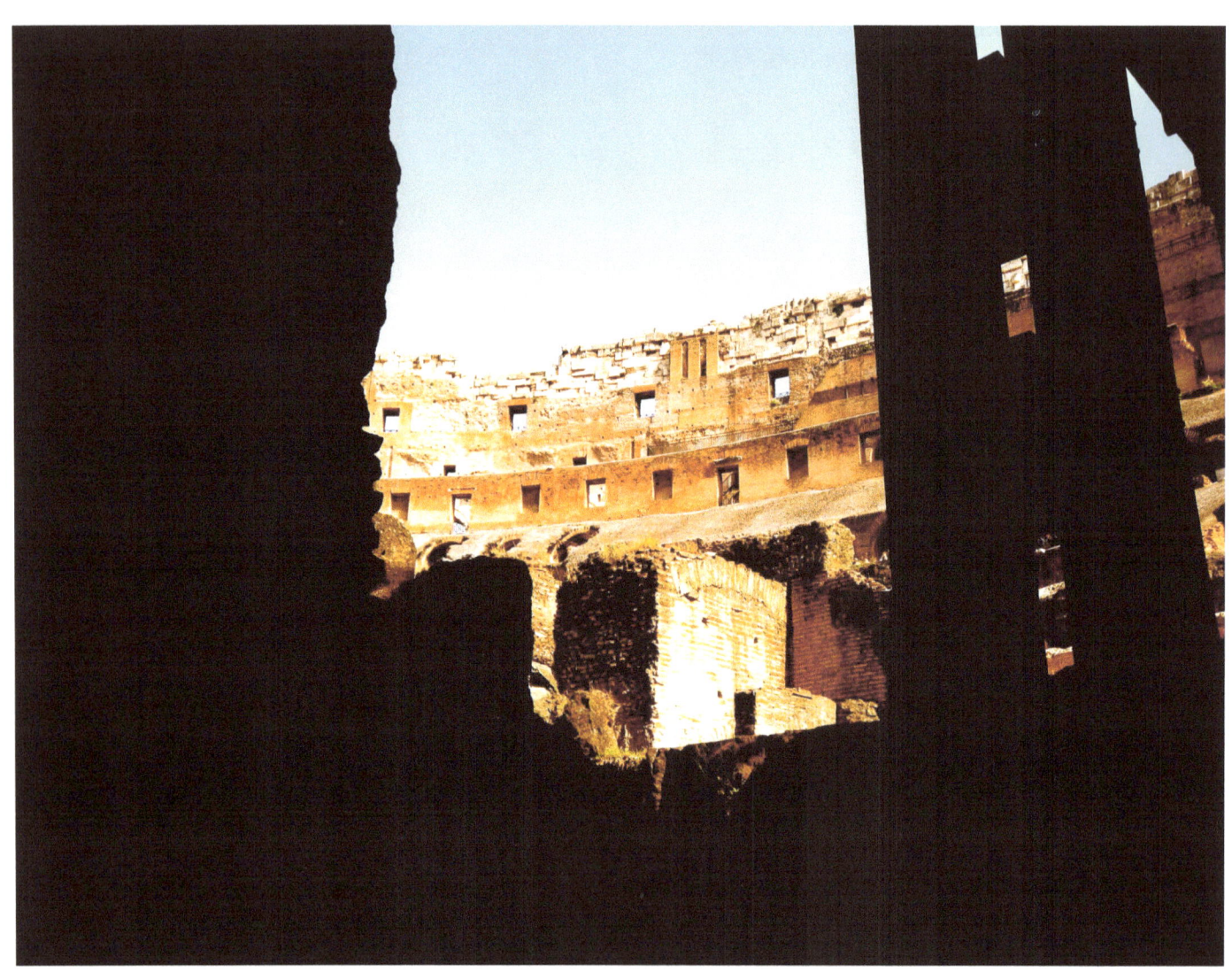

Colosseo

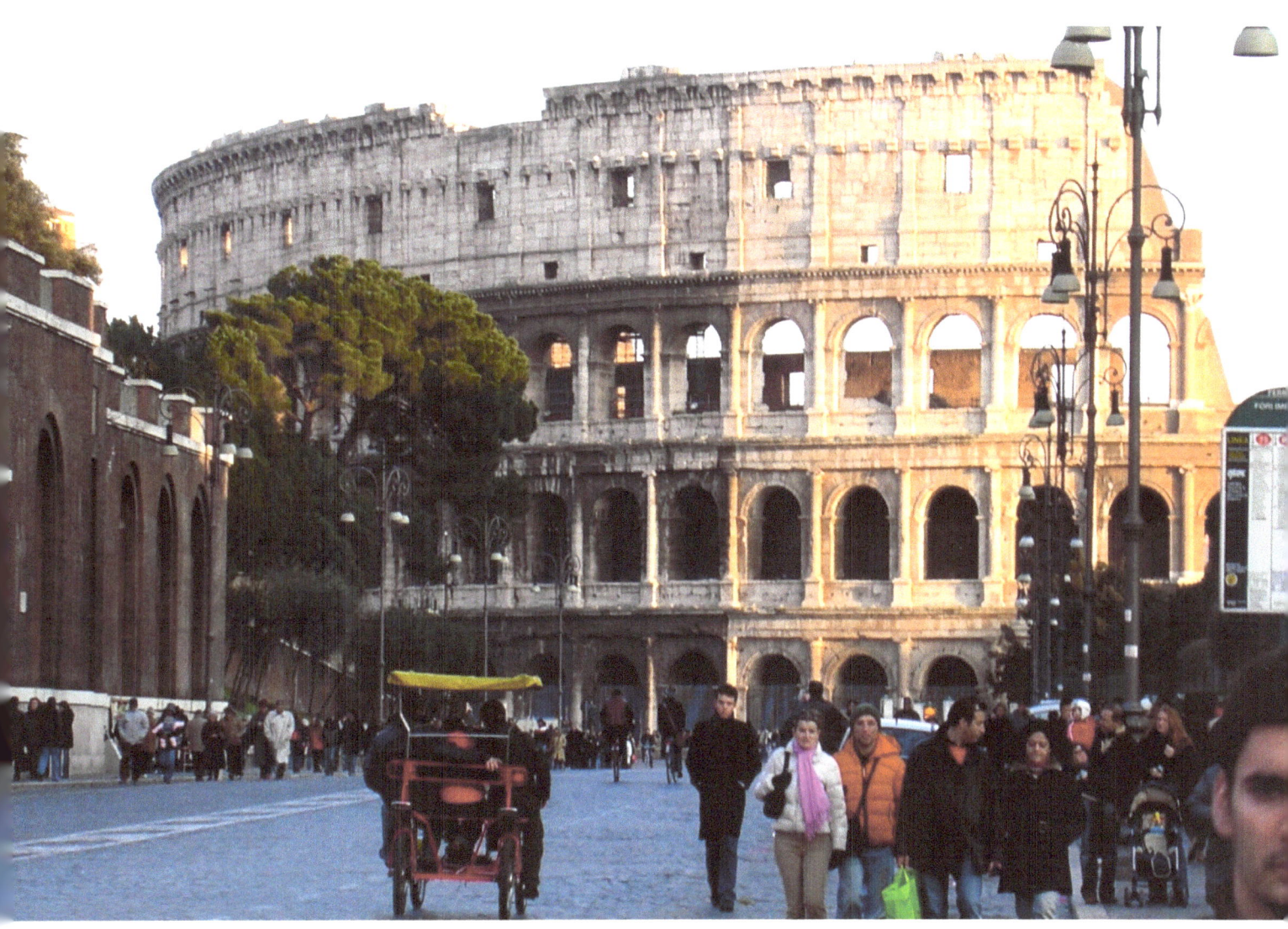

Colosseo

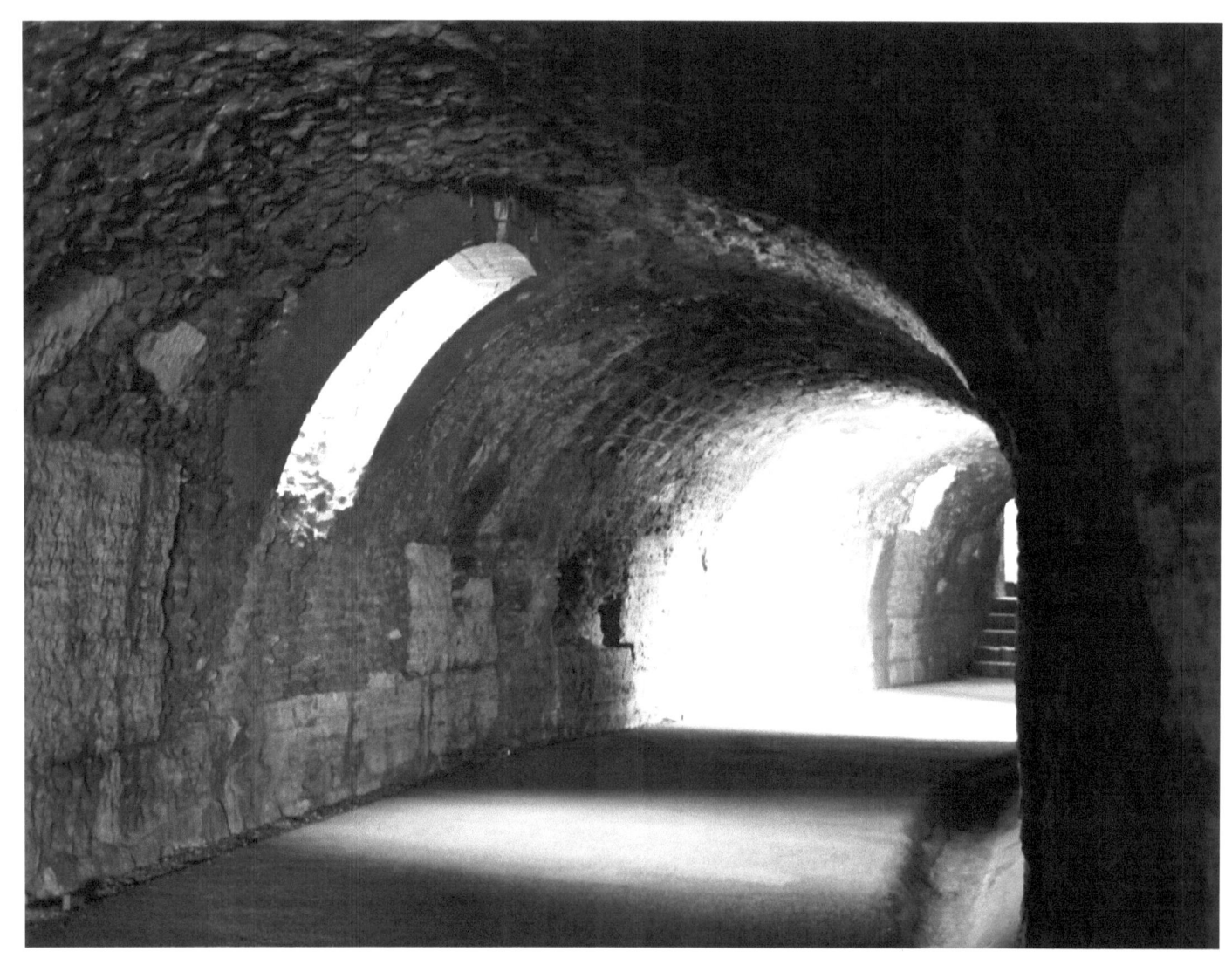

Colosseo

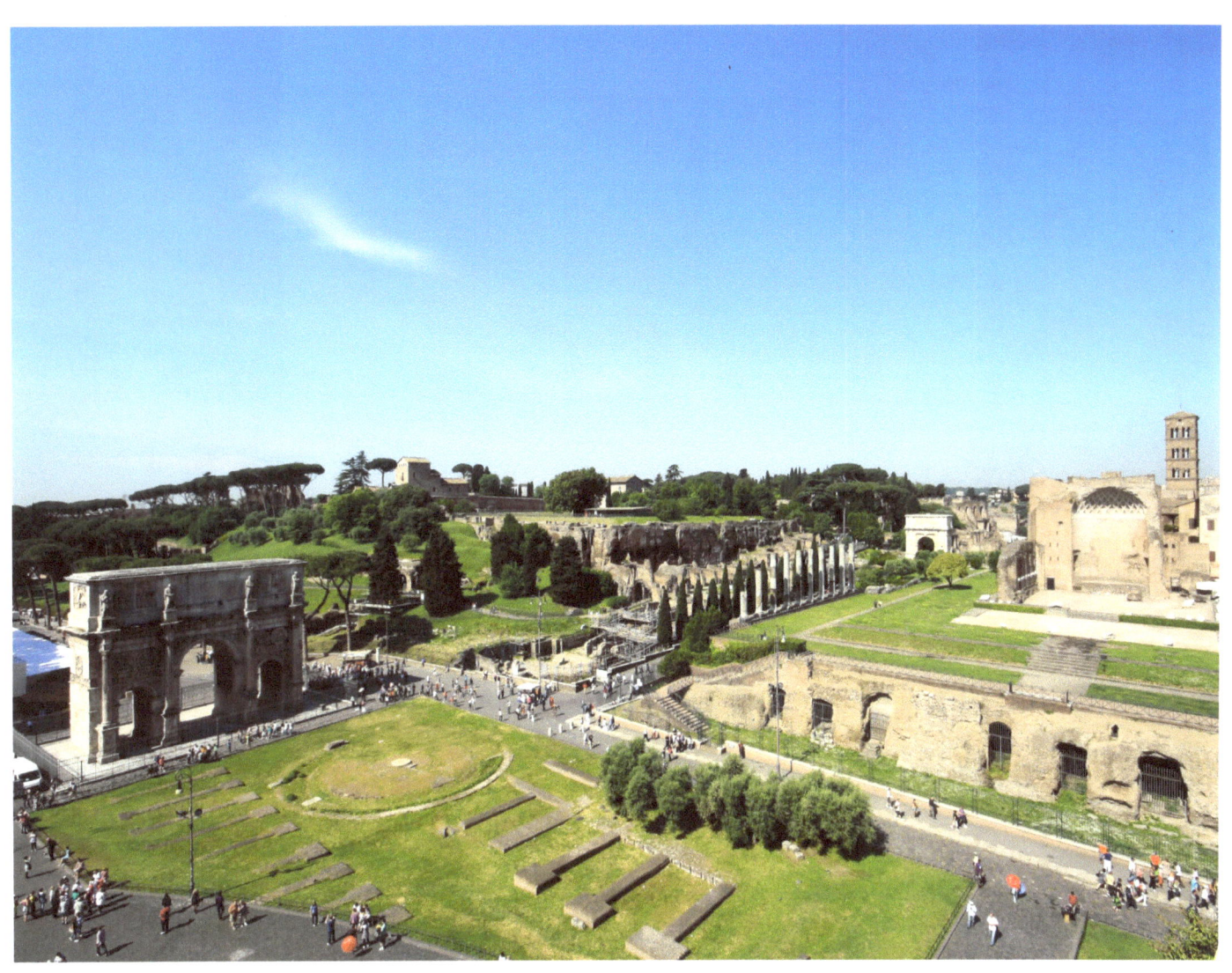

Arco di Costantino

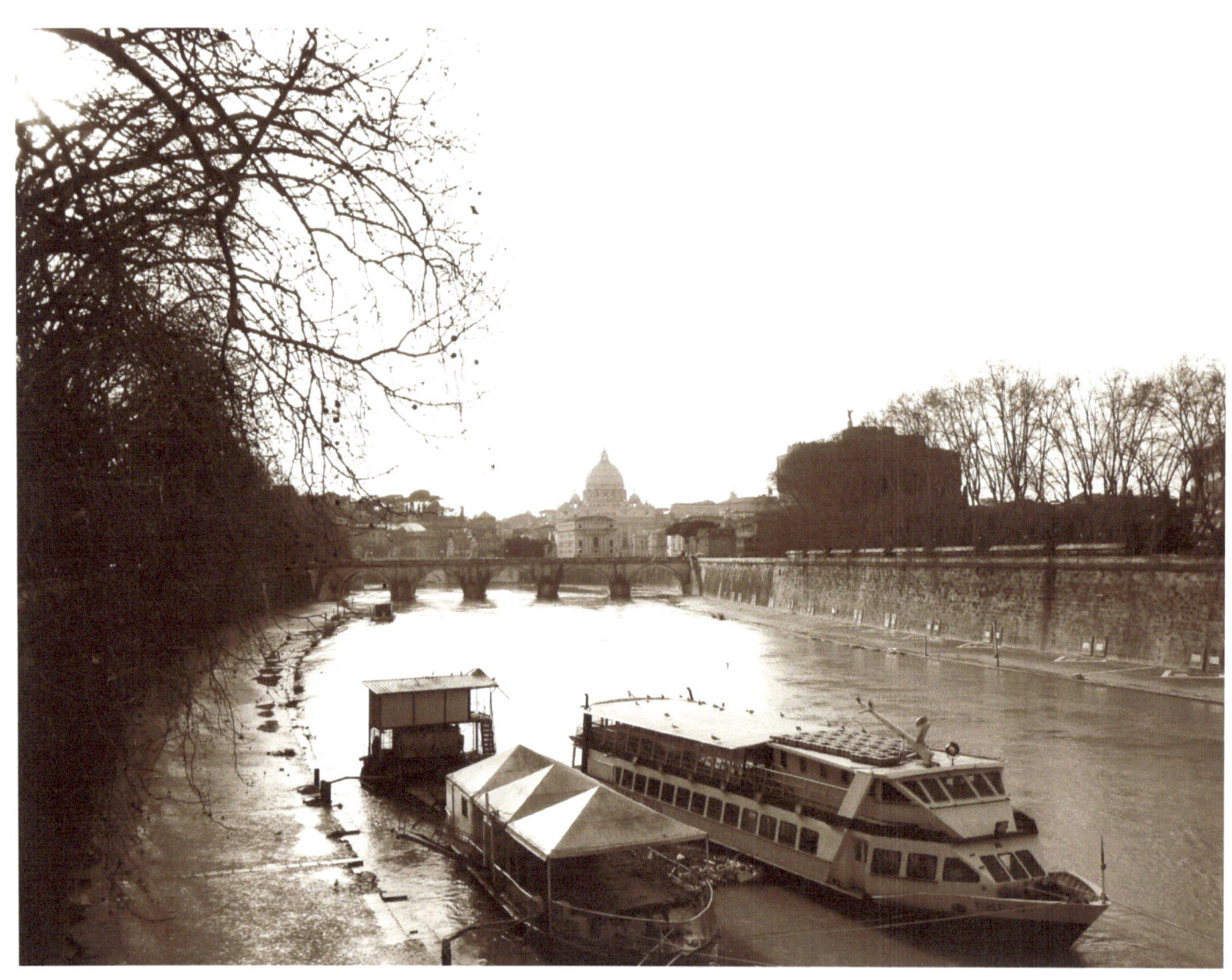

Tevere

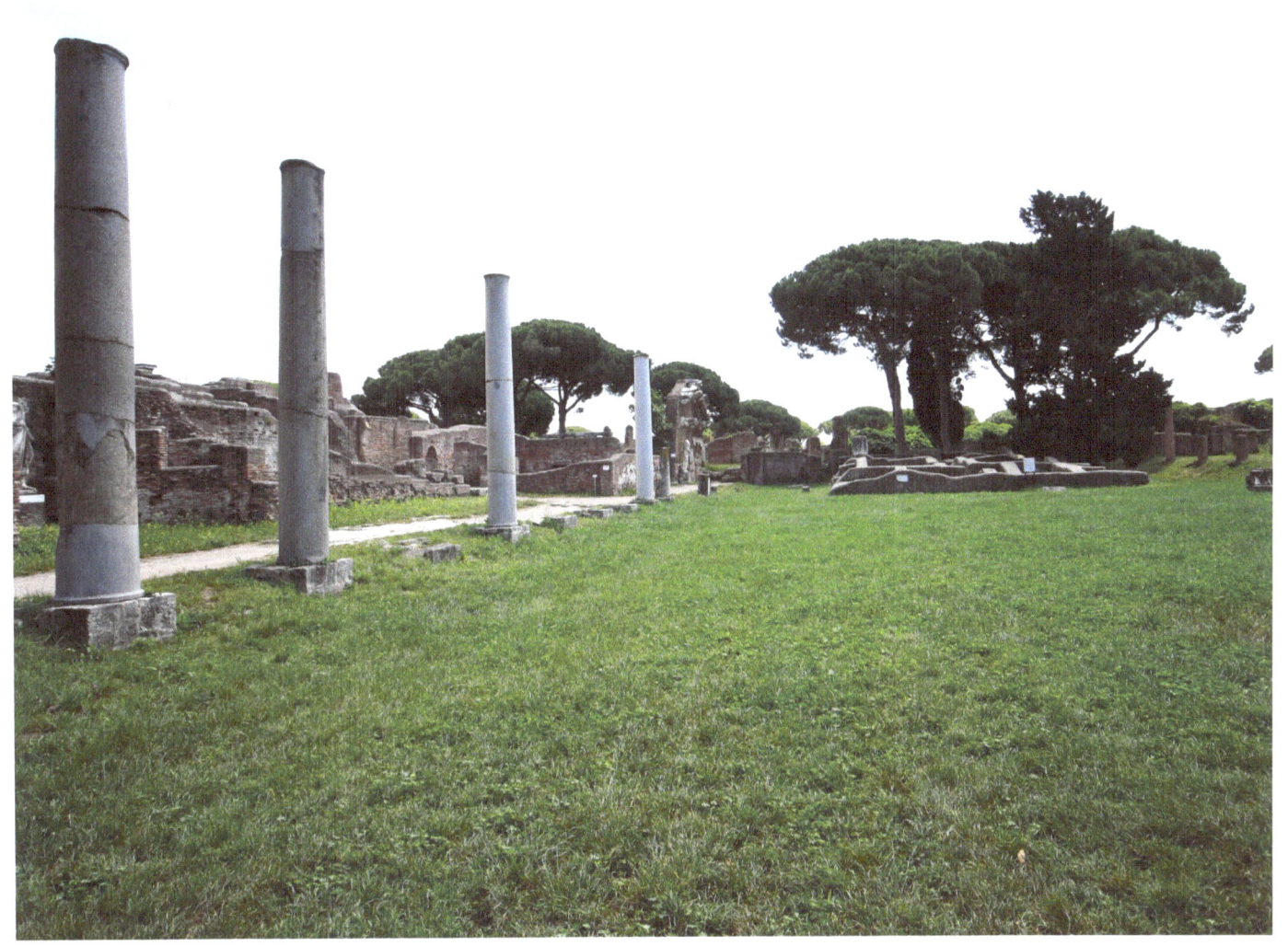

Ostia Antica

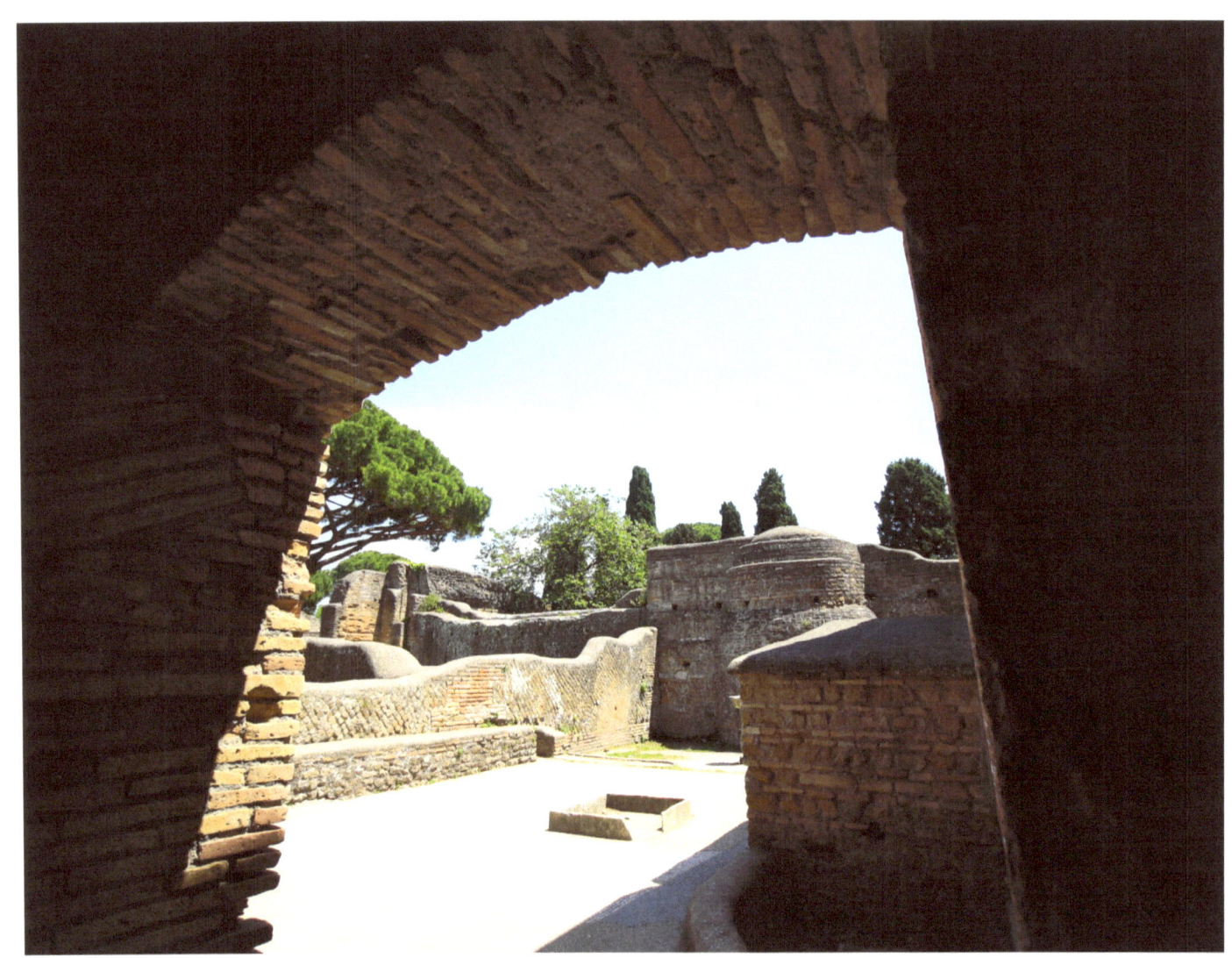

Ostia Antica

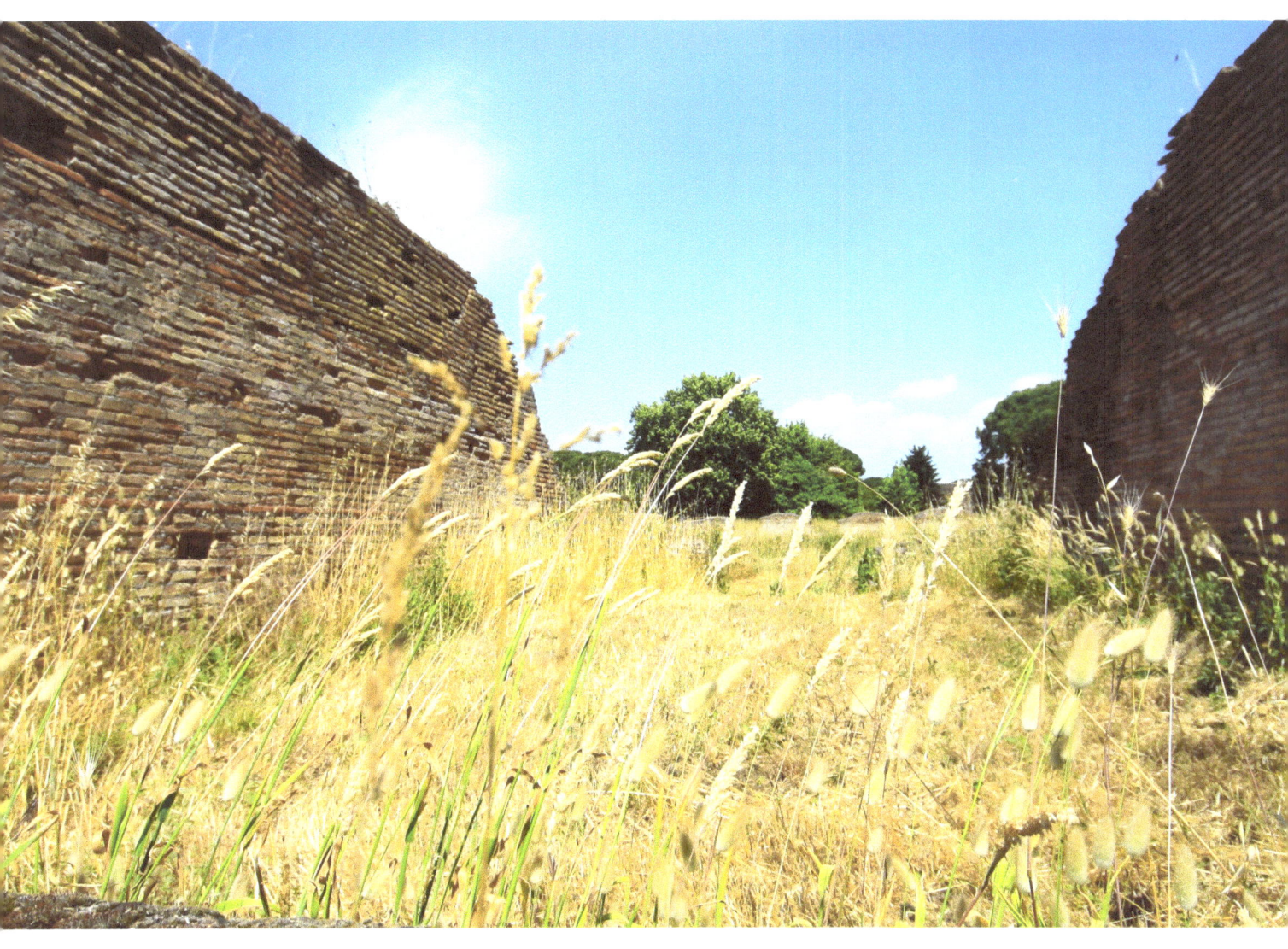

Ostia Antica

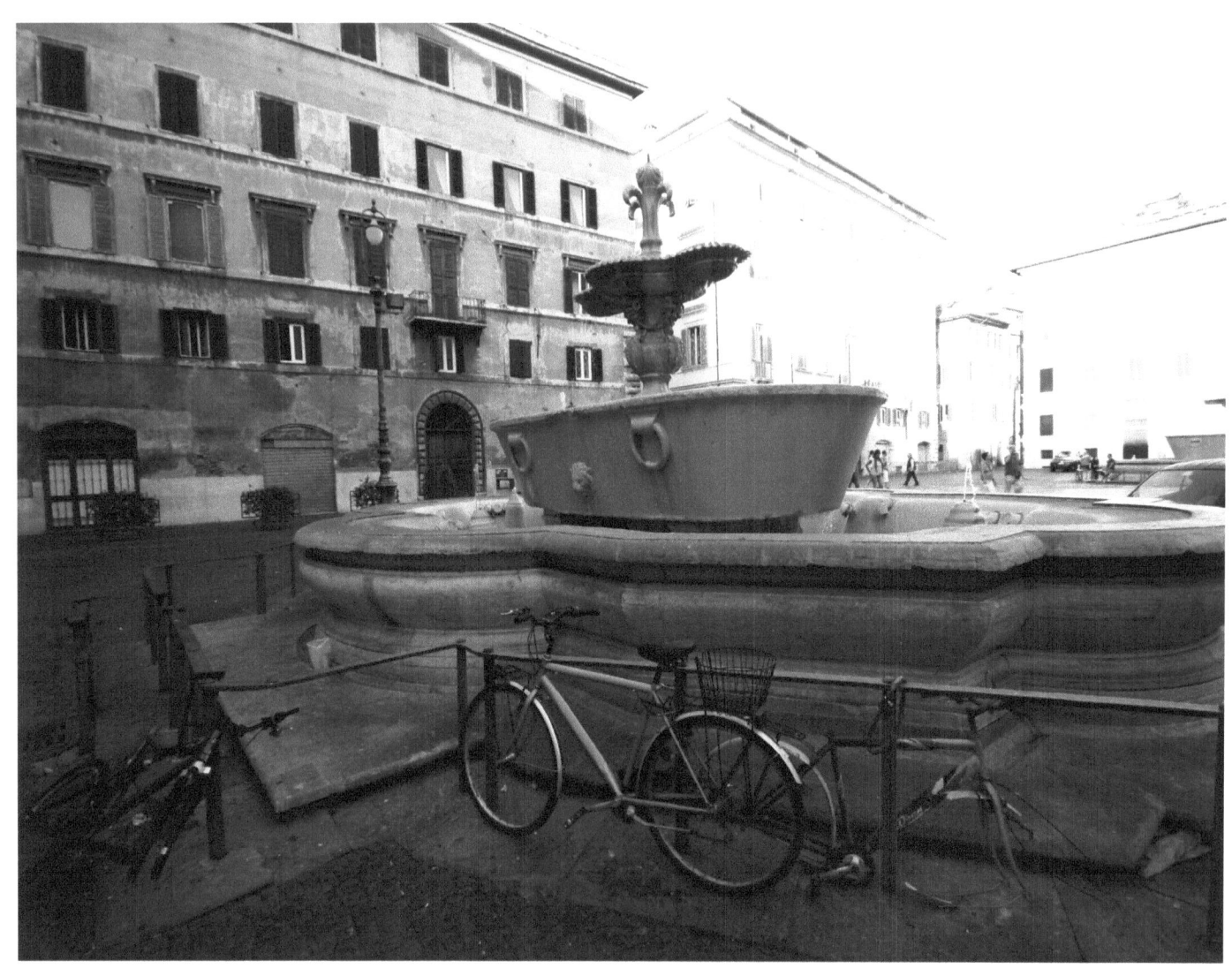

Piazza Farnese

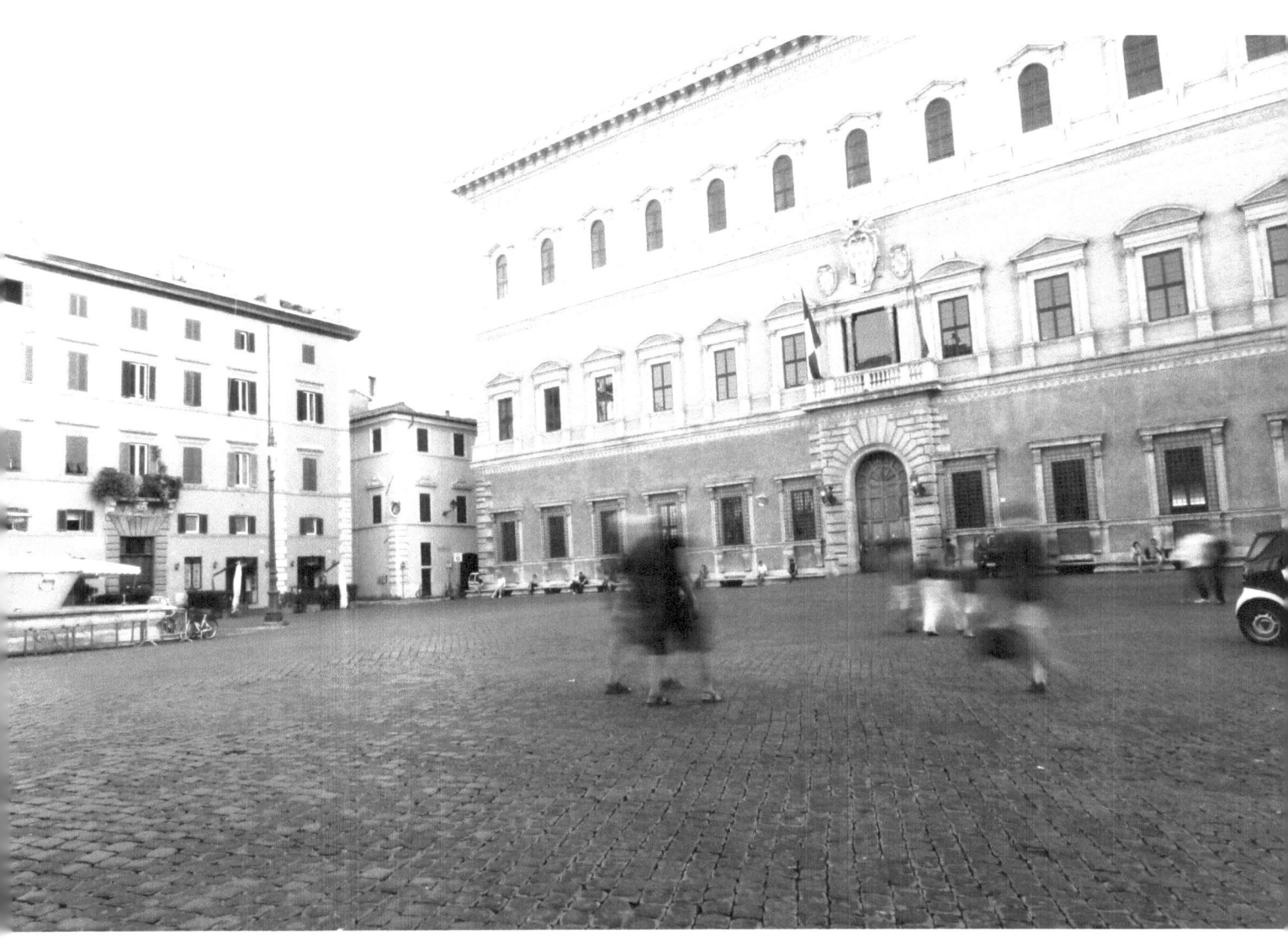

Piazza Farnese

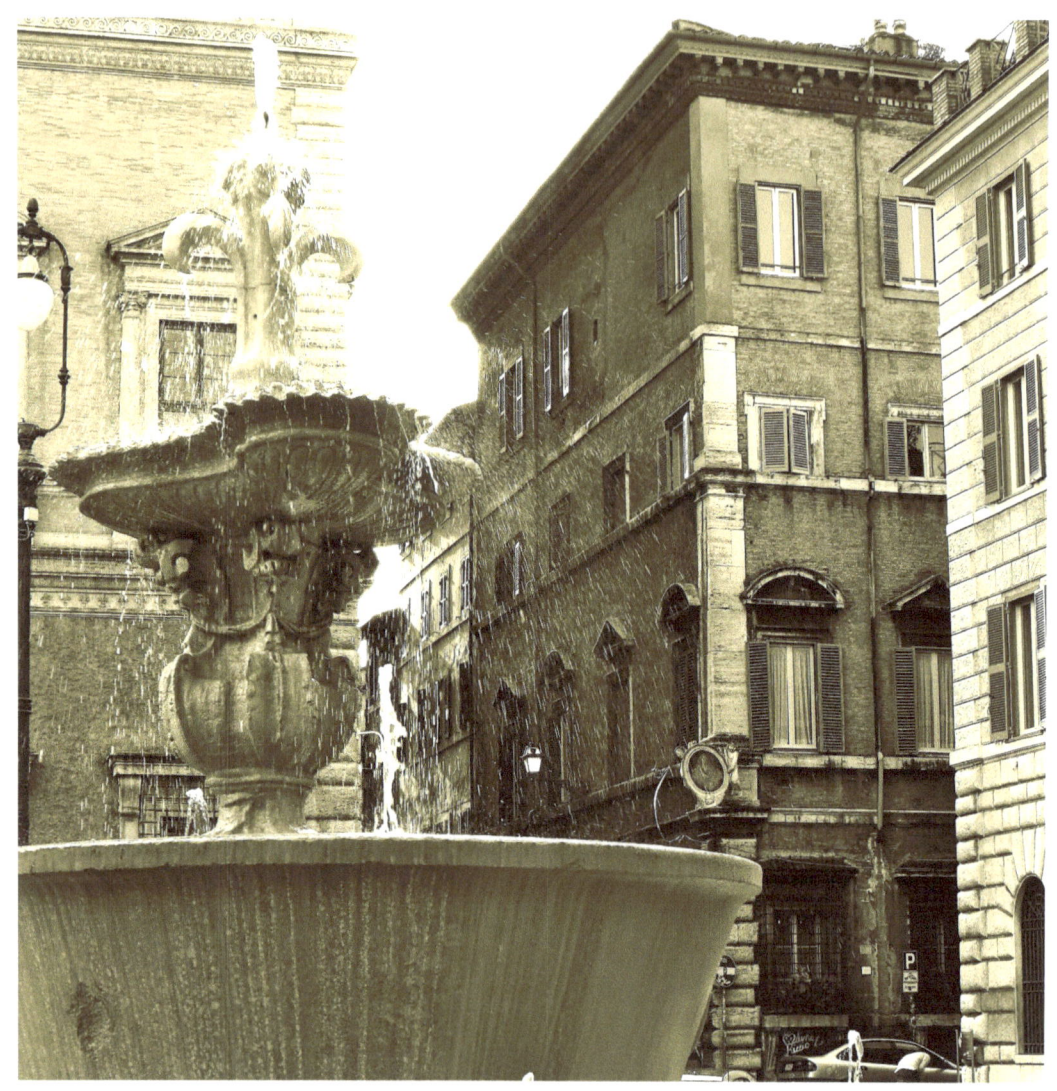

Piazza Farnese

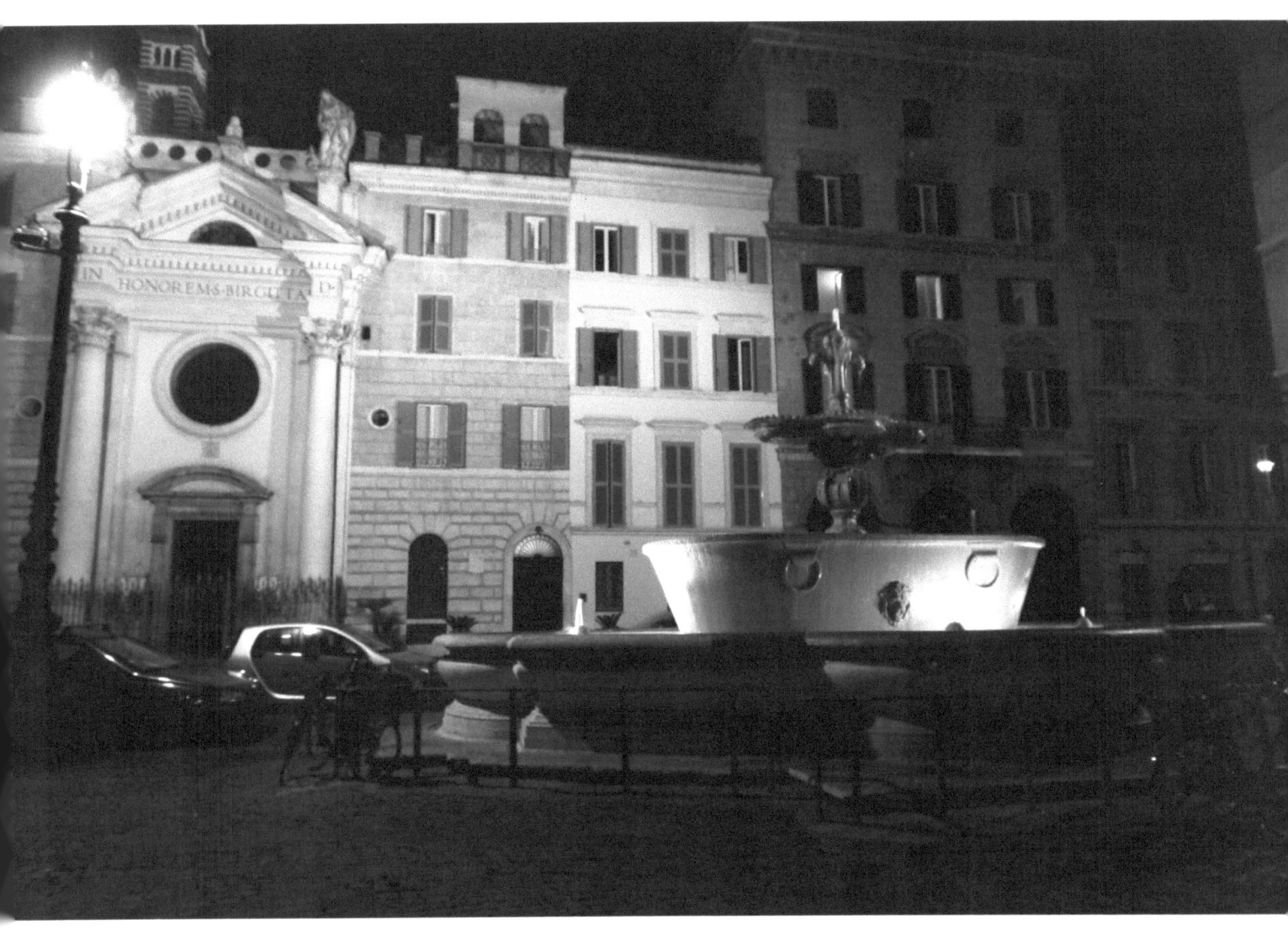

Piazza Farnese

Campo de' Fiori

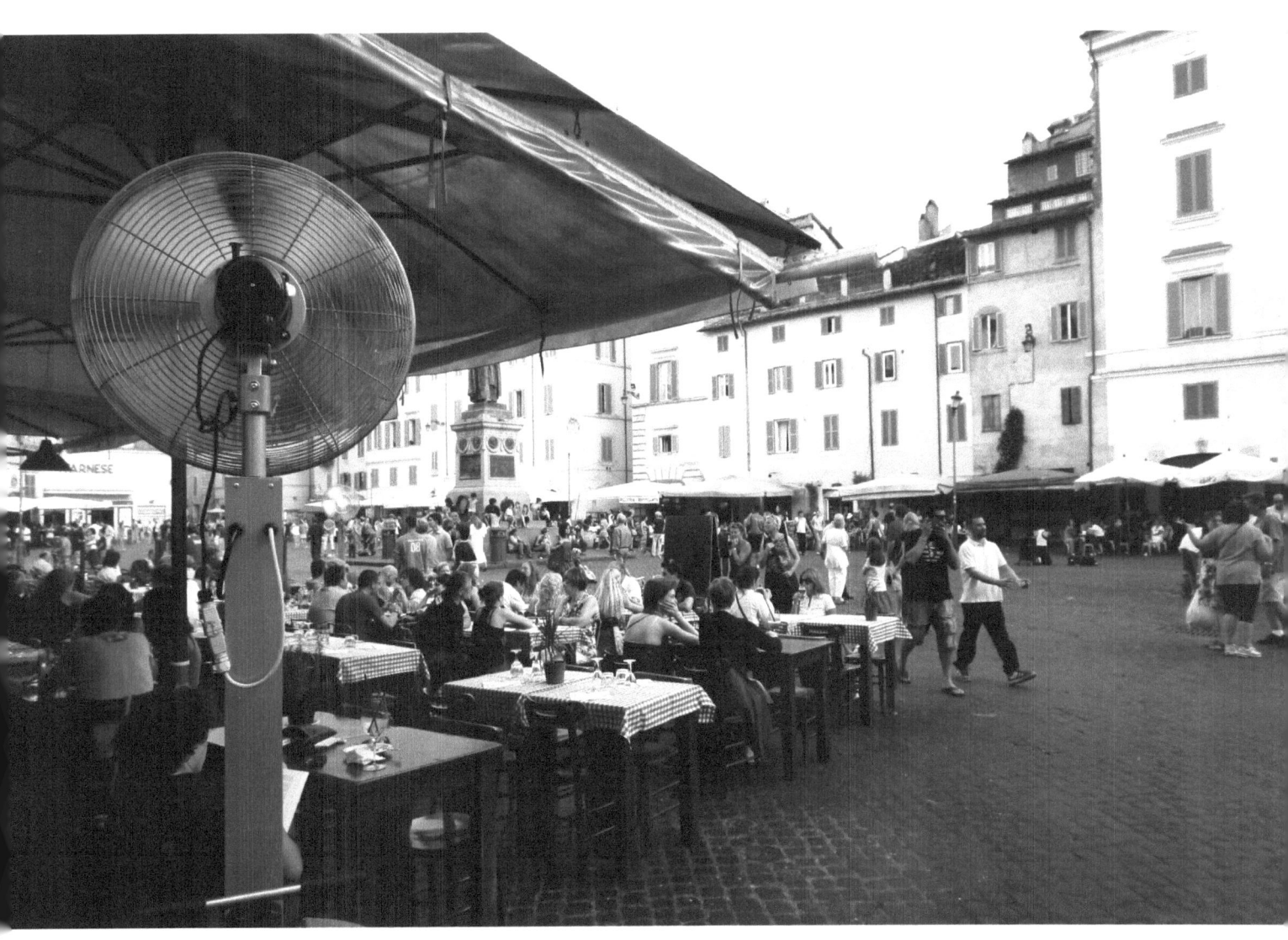

Campo de' Fiori

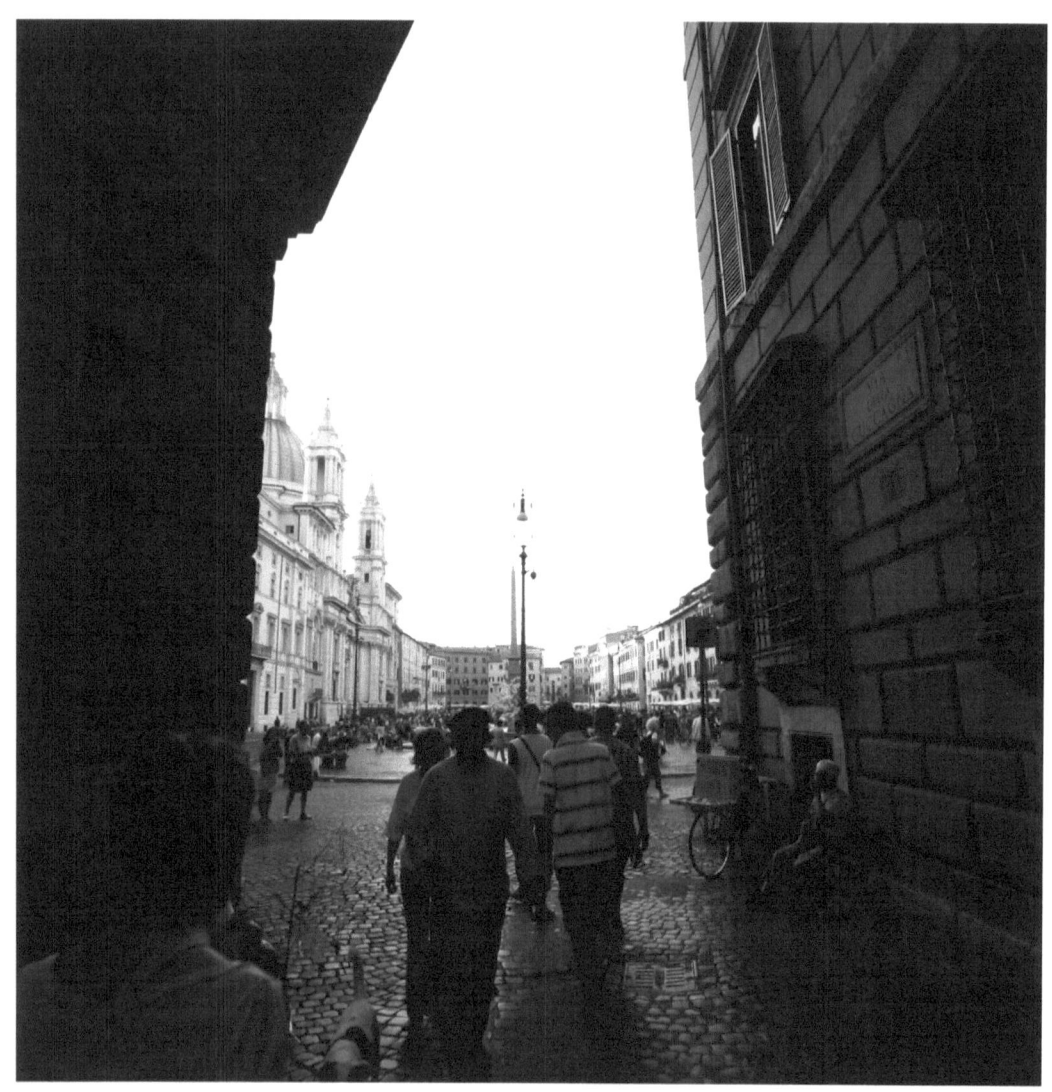

Piazza Navona

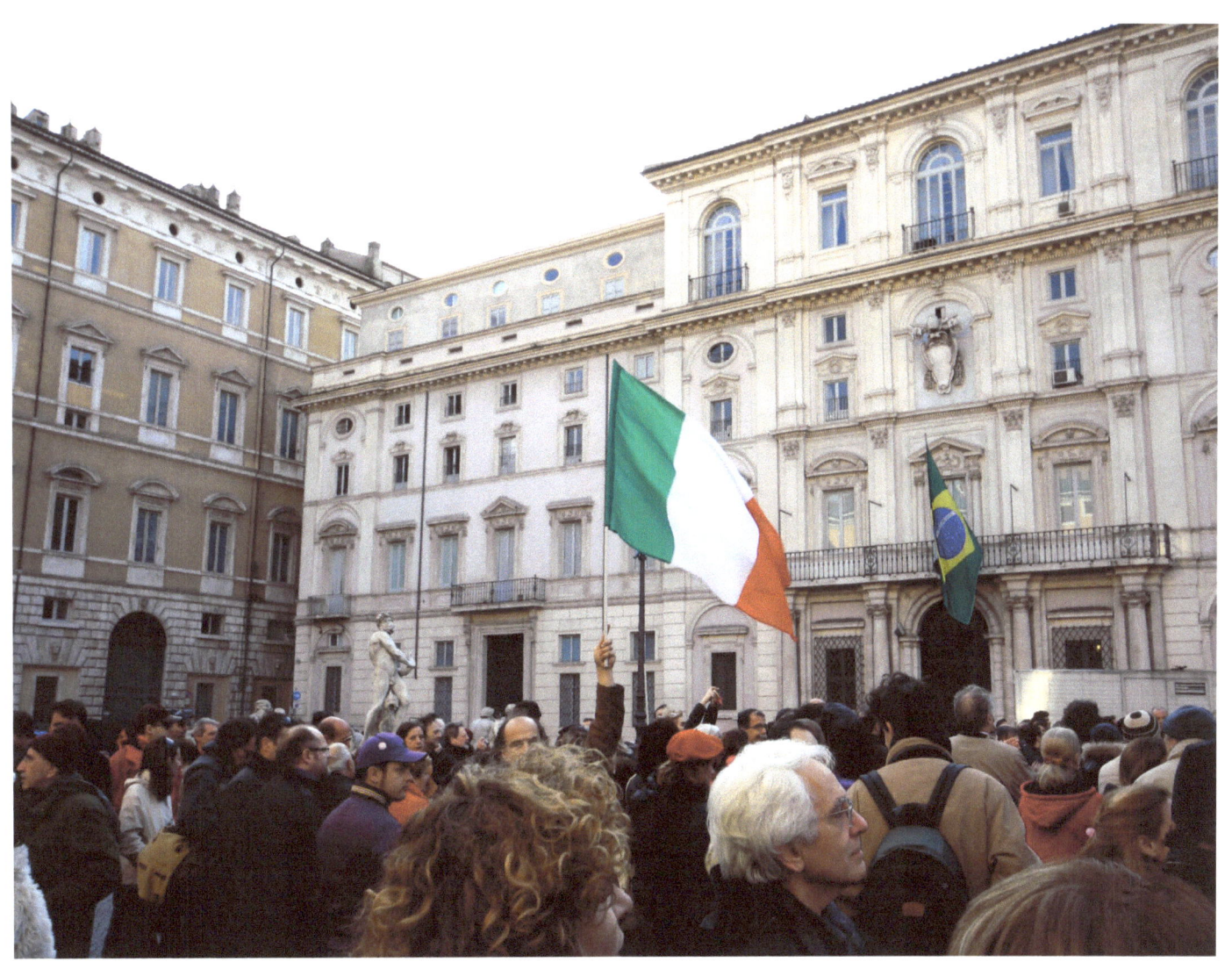

Piazza Navona

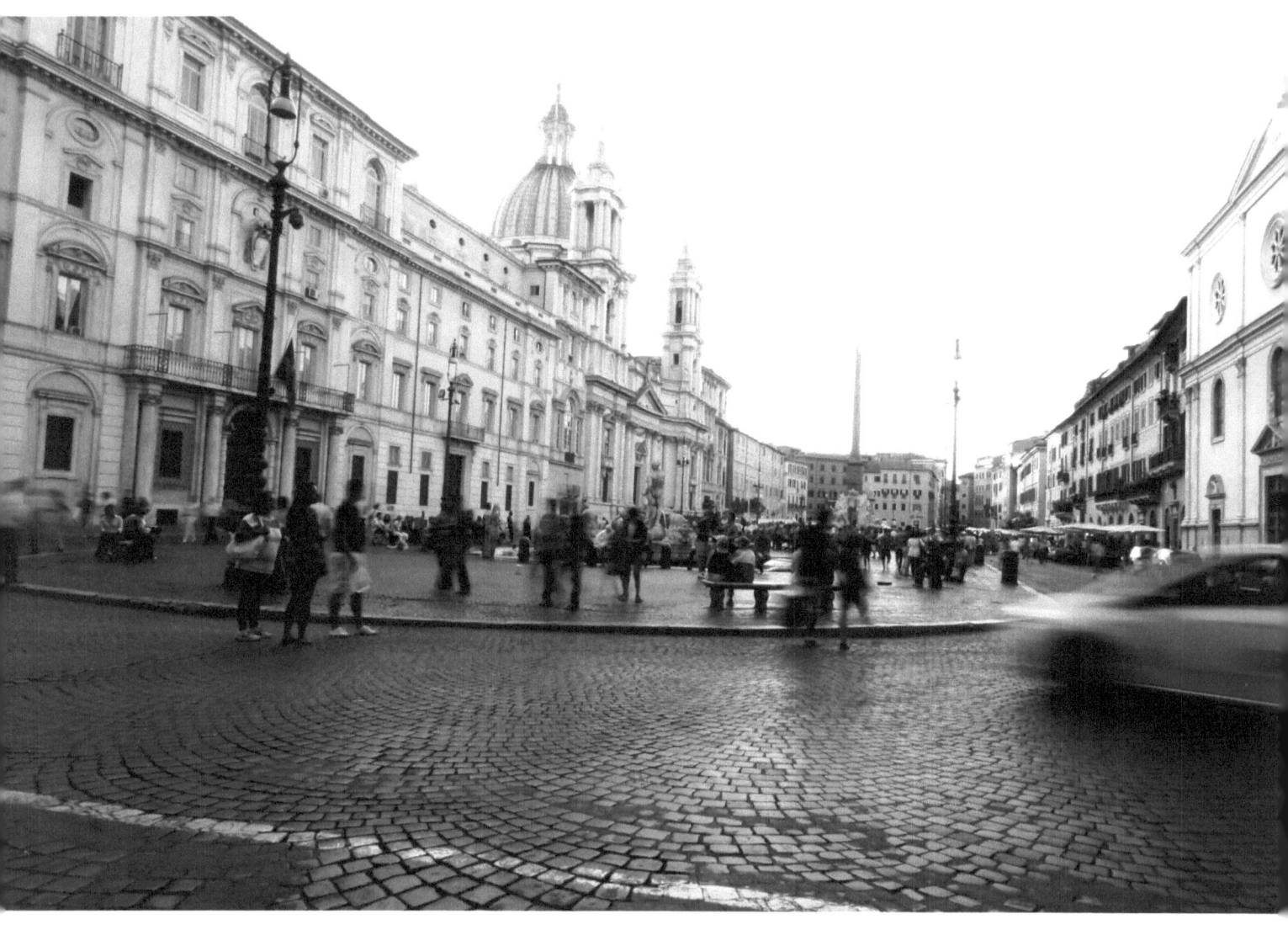

Piazza Navona

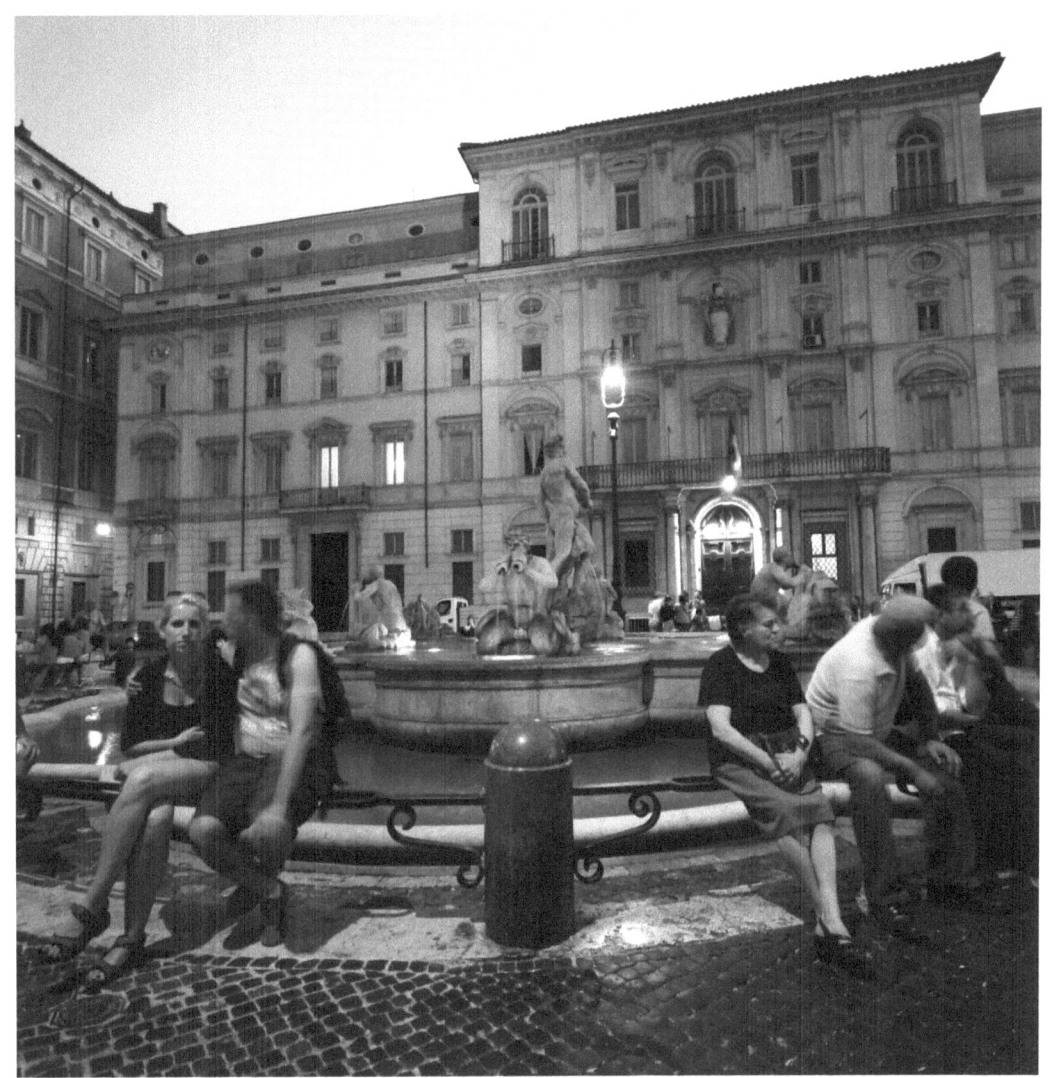

Piazza Navona

Piazza Navona

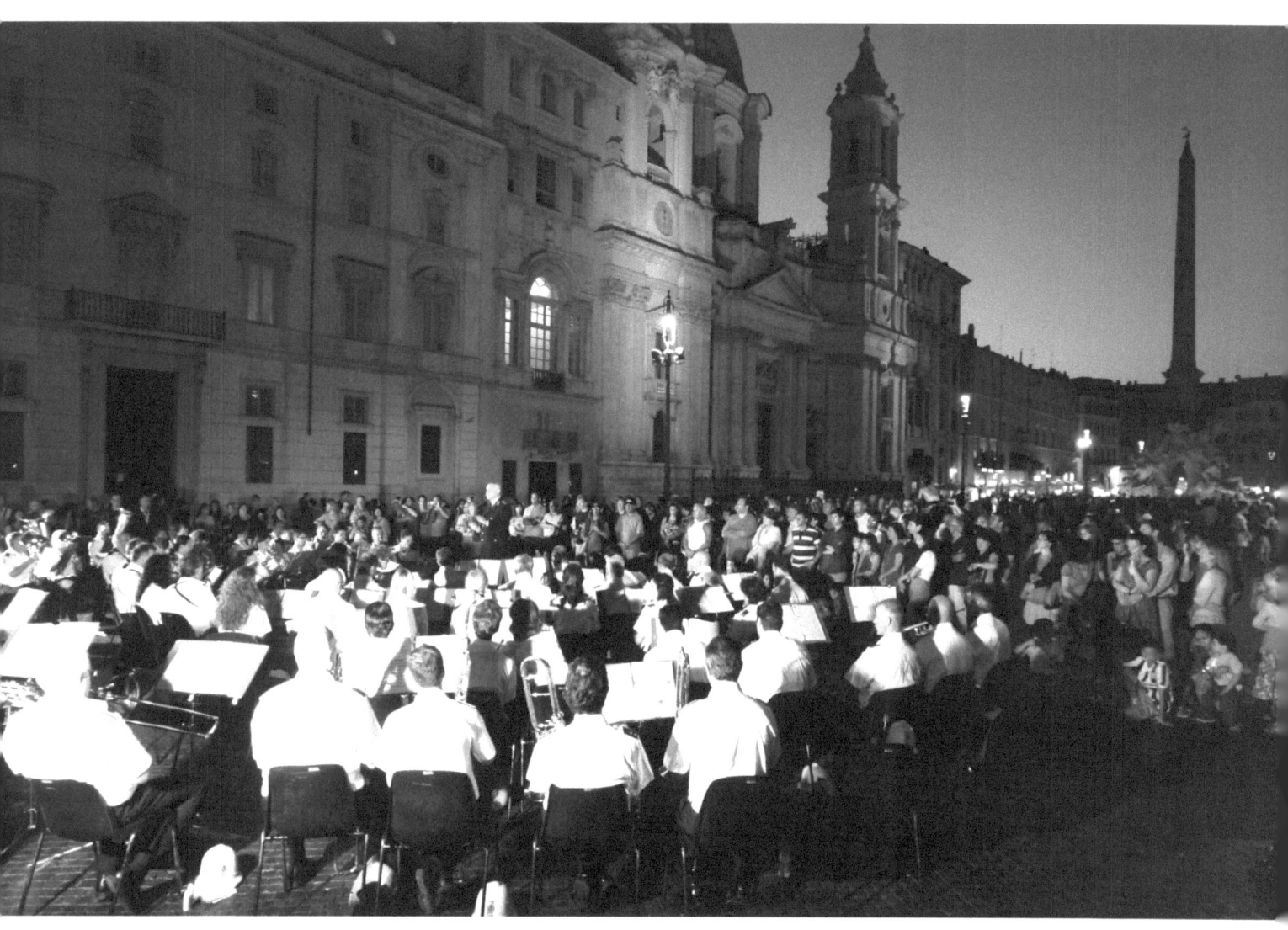

Piazza Navona

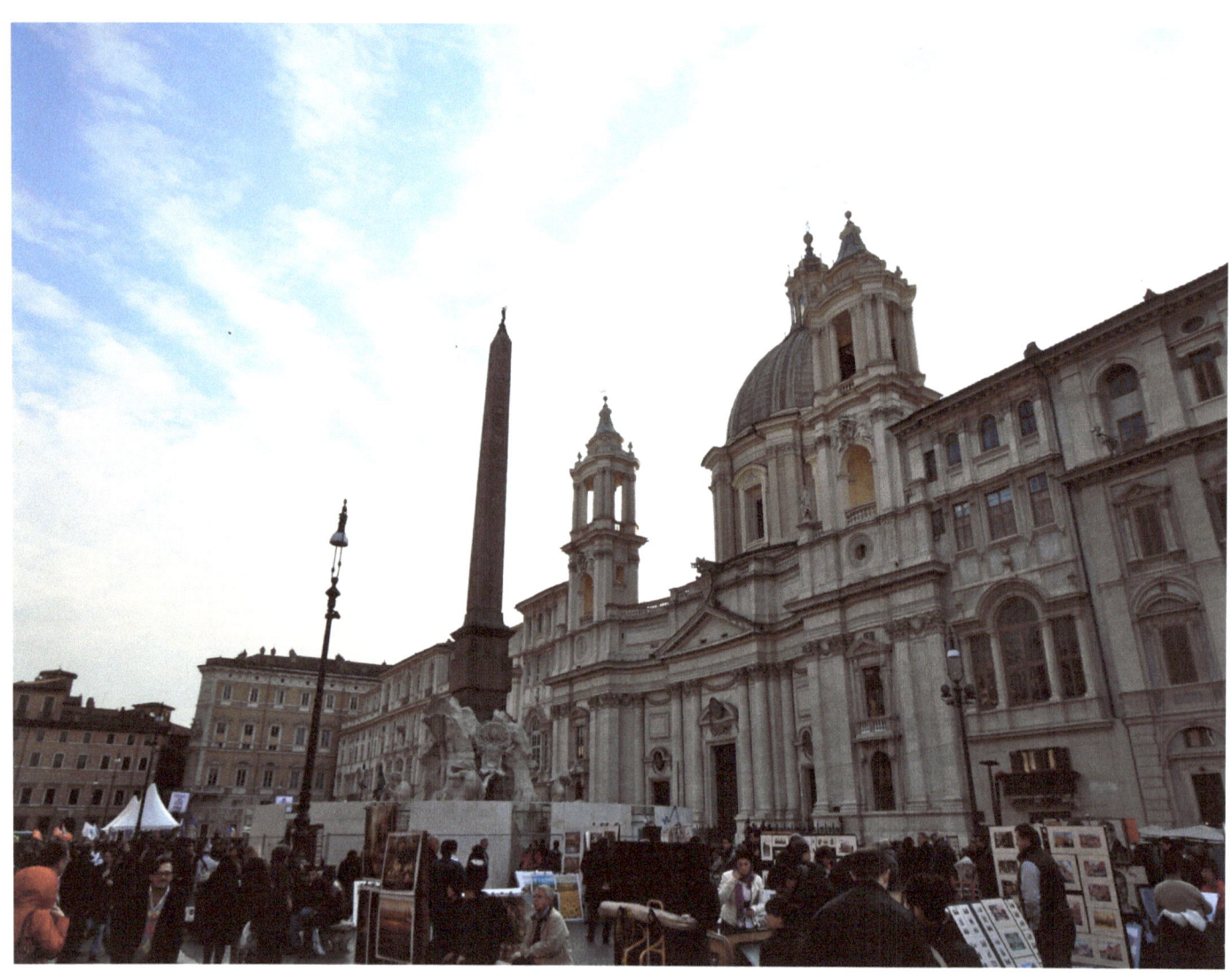

Piazza Navona

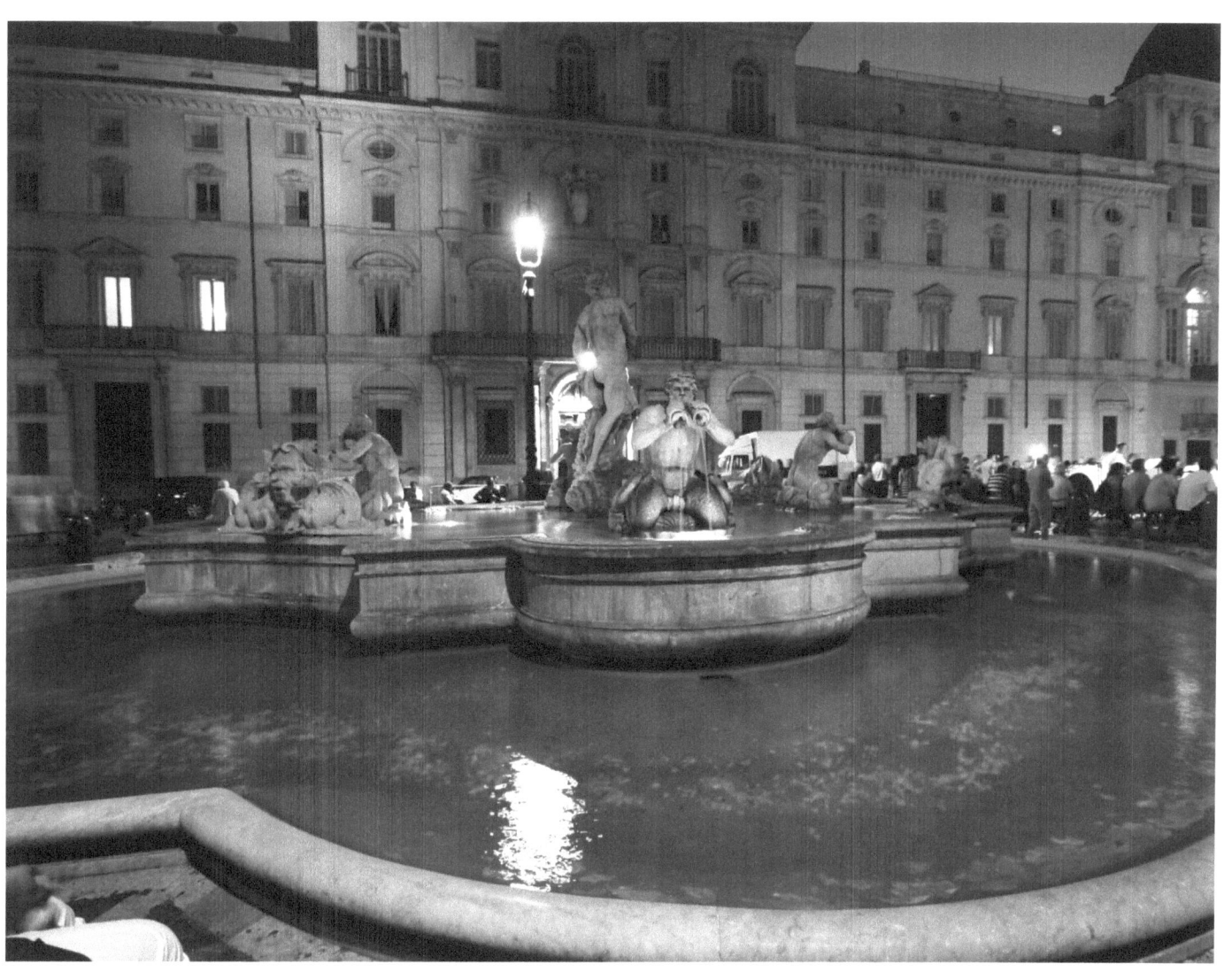

Piazza Navona

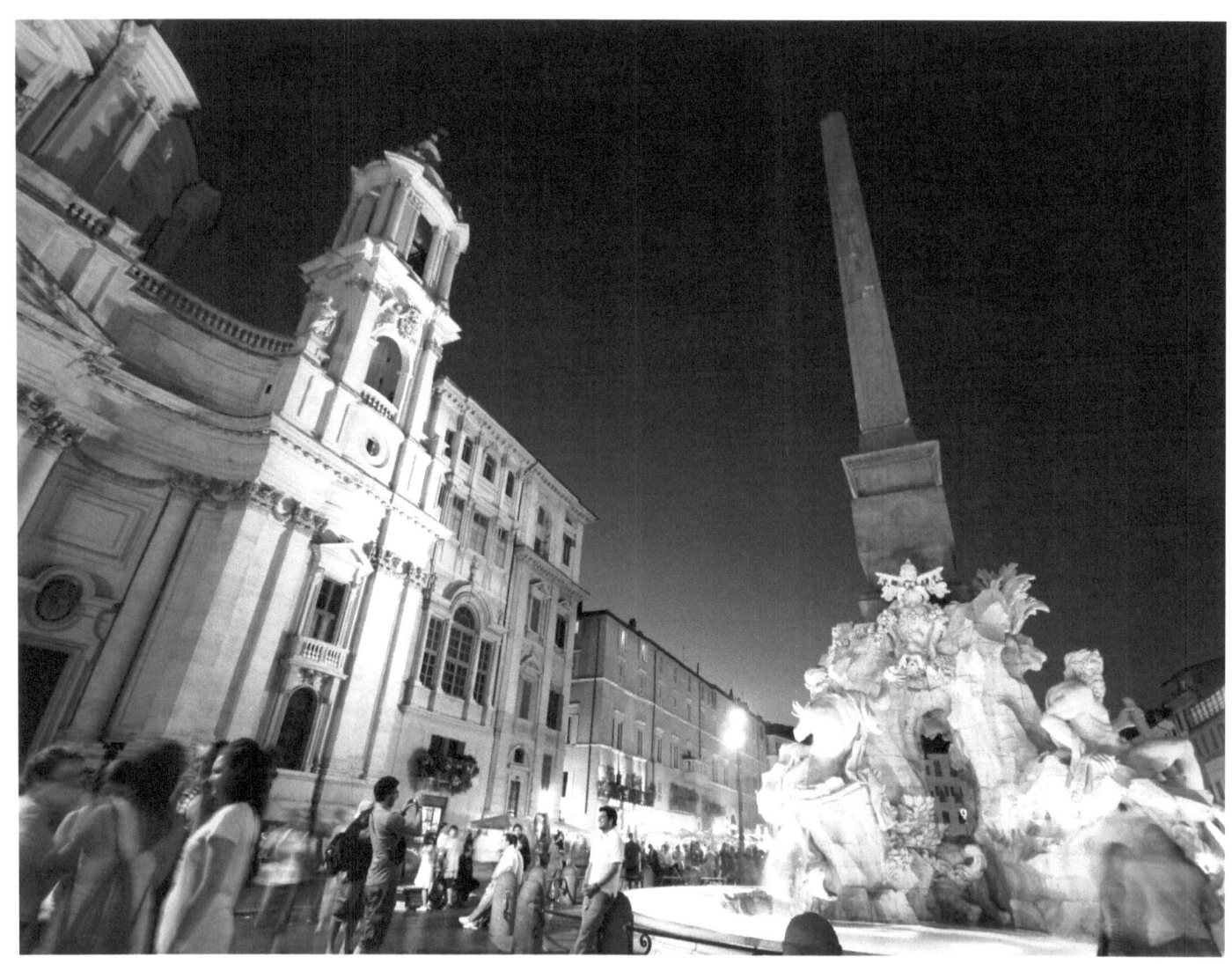

Piazza Navona

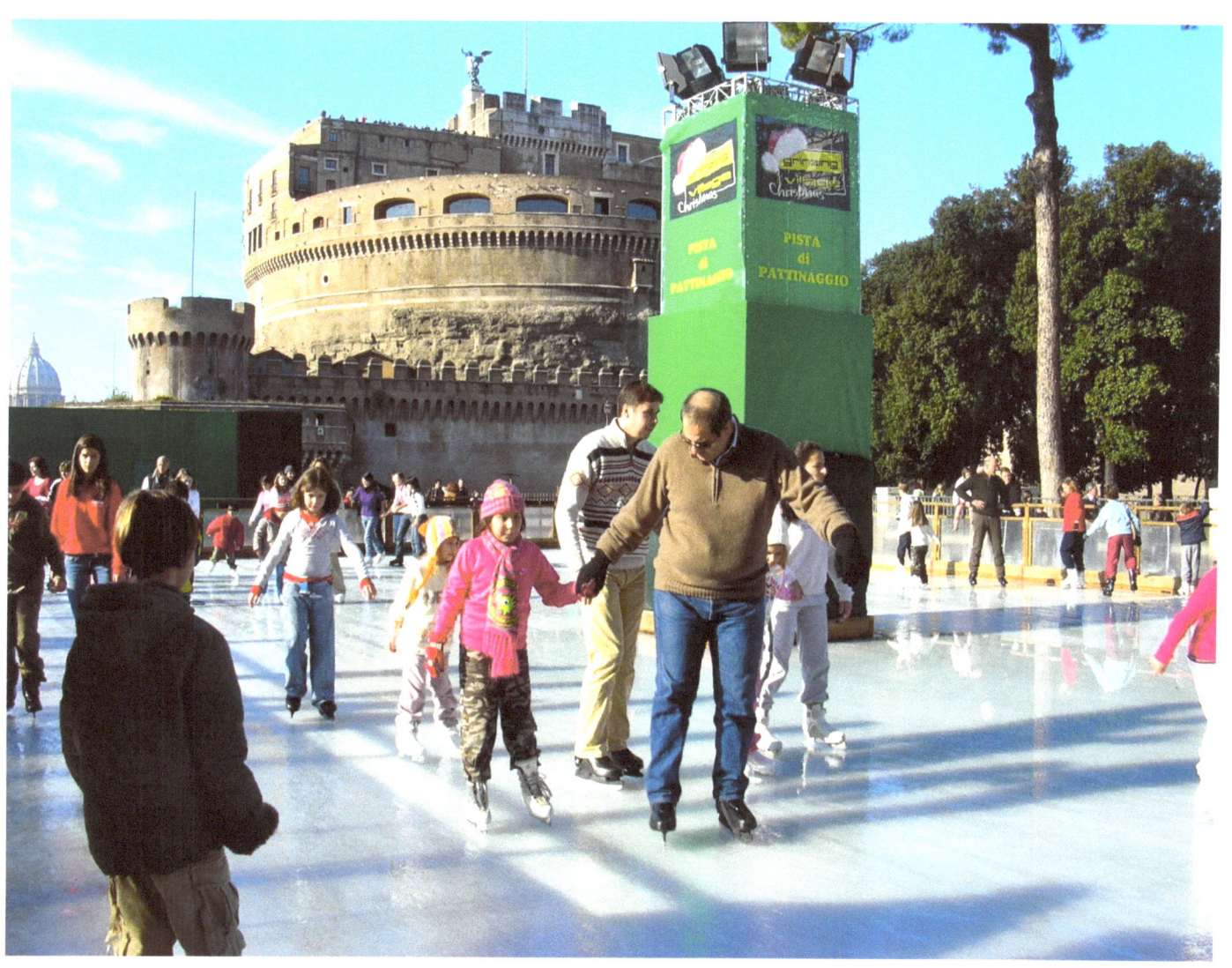

Castel S. Angelo

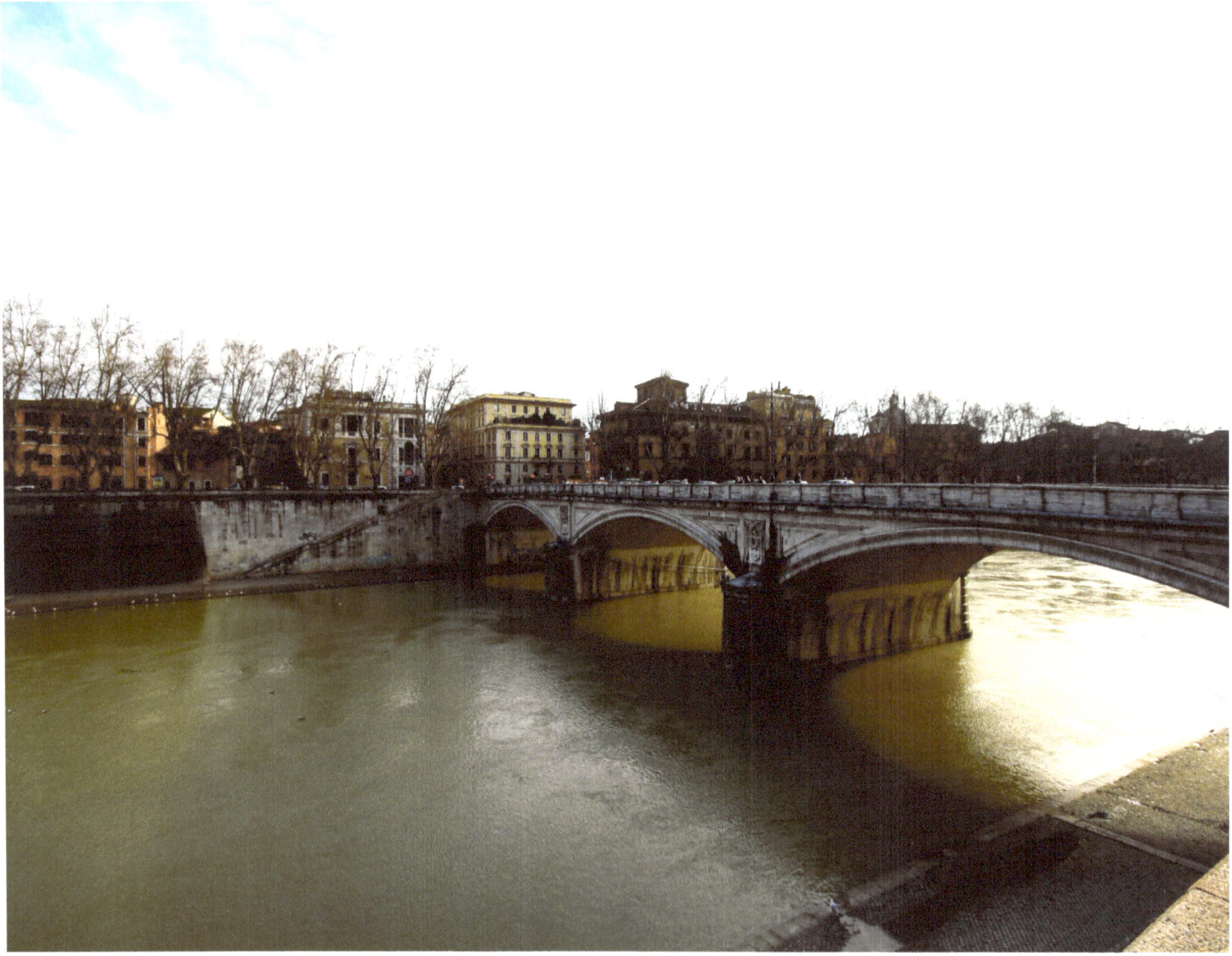

ponte Umberto I

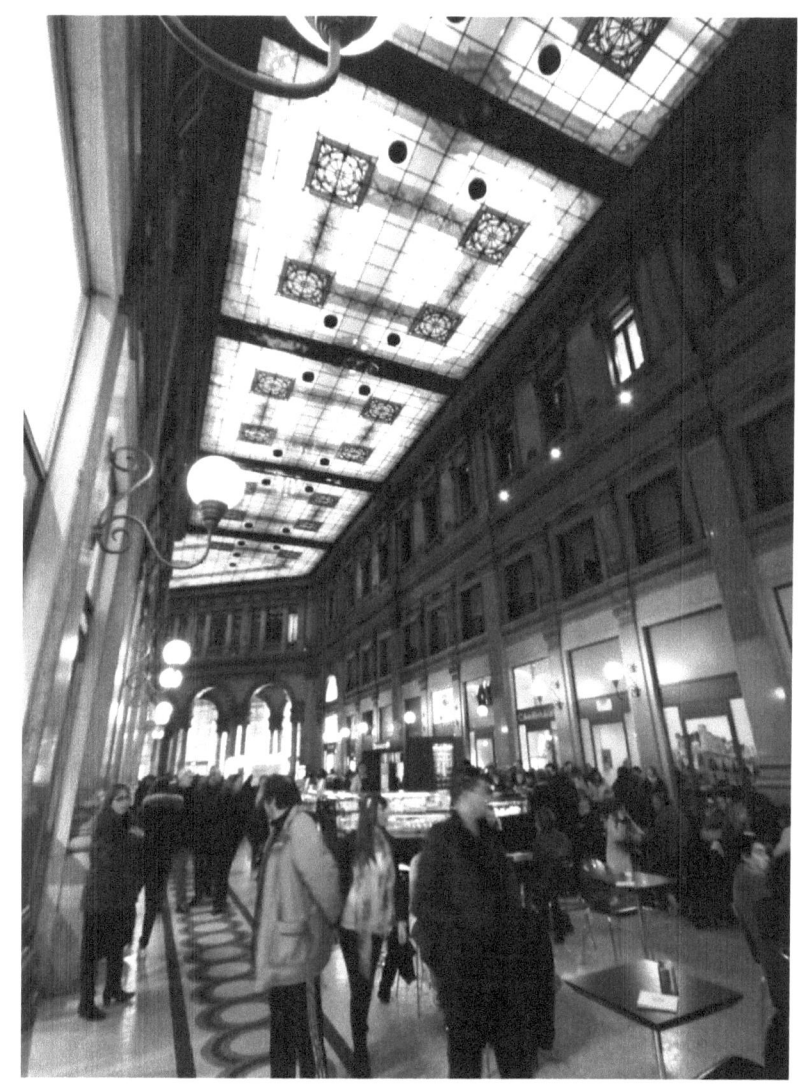

Galleria Alberto Sordi

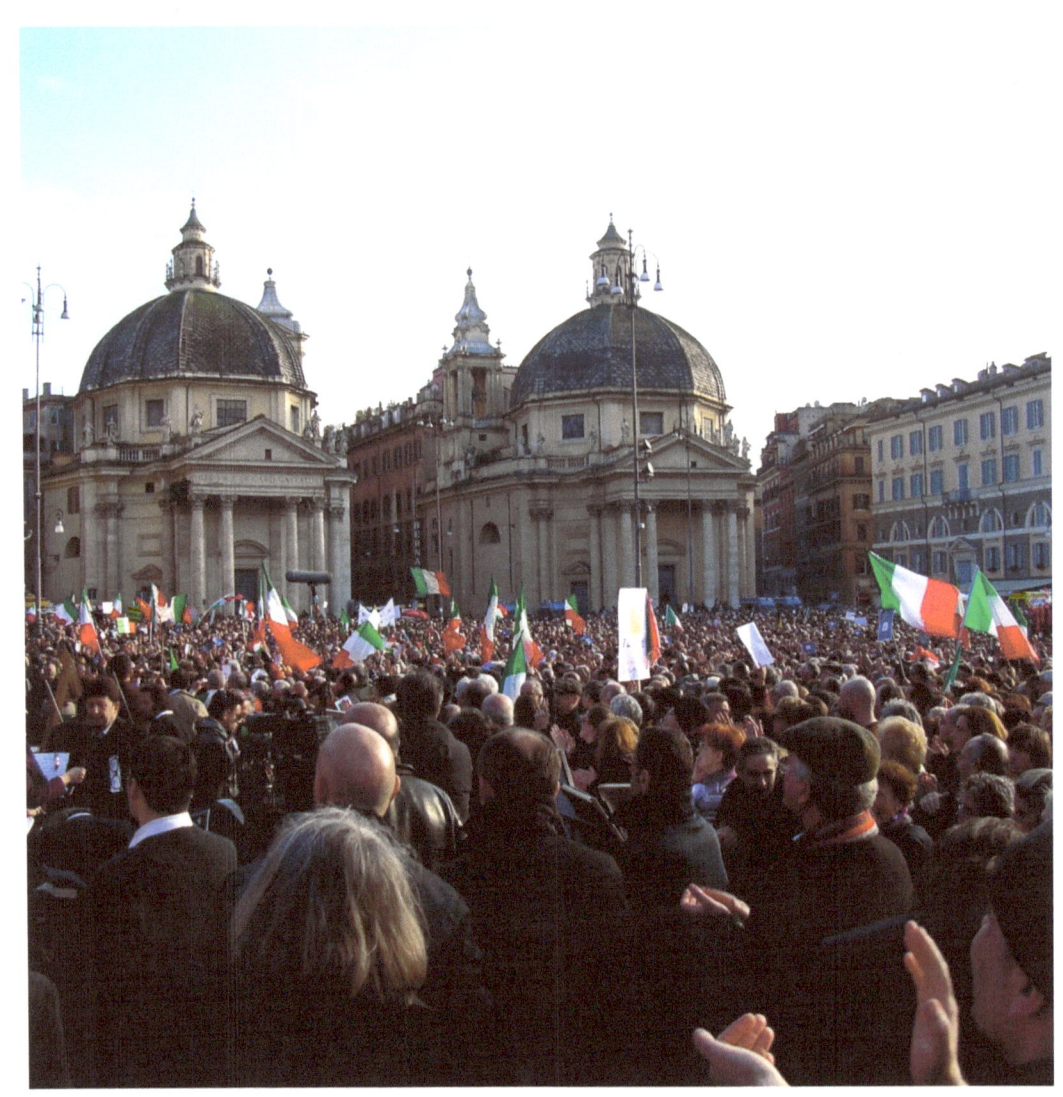

Piazza del Popolo

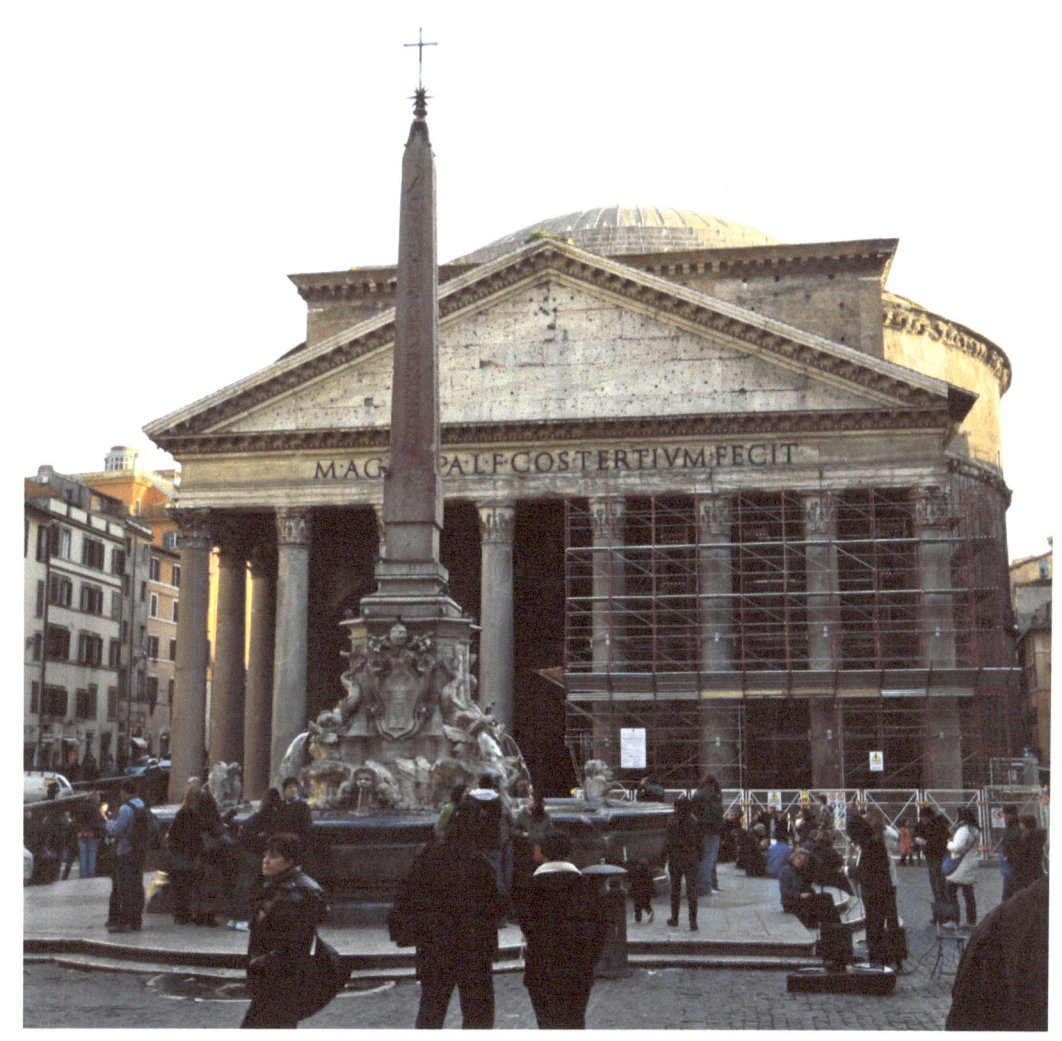

Pantheon

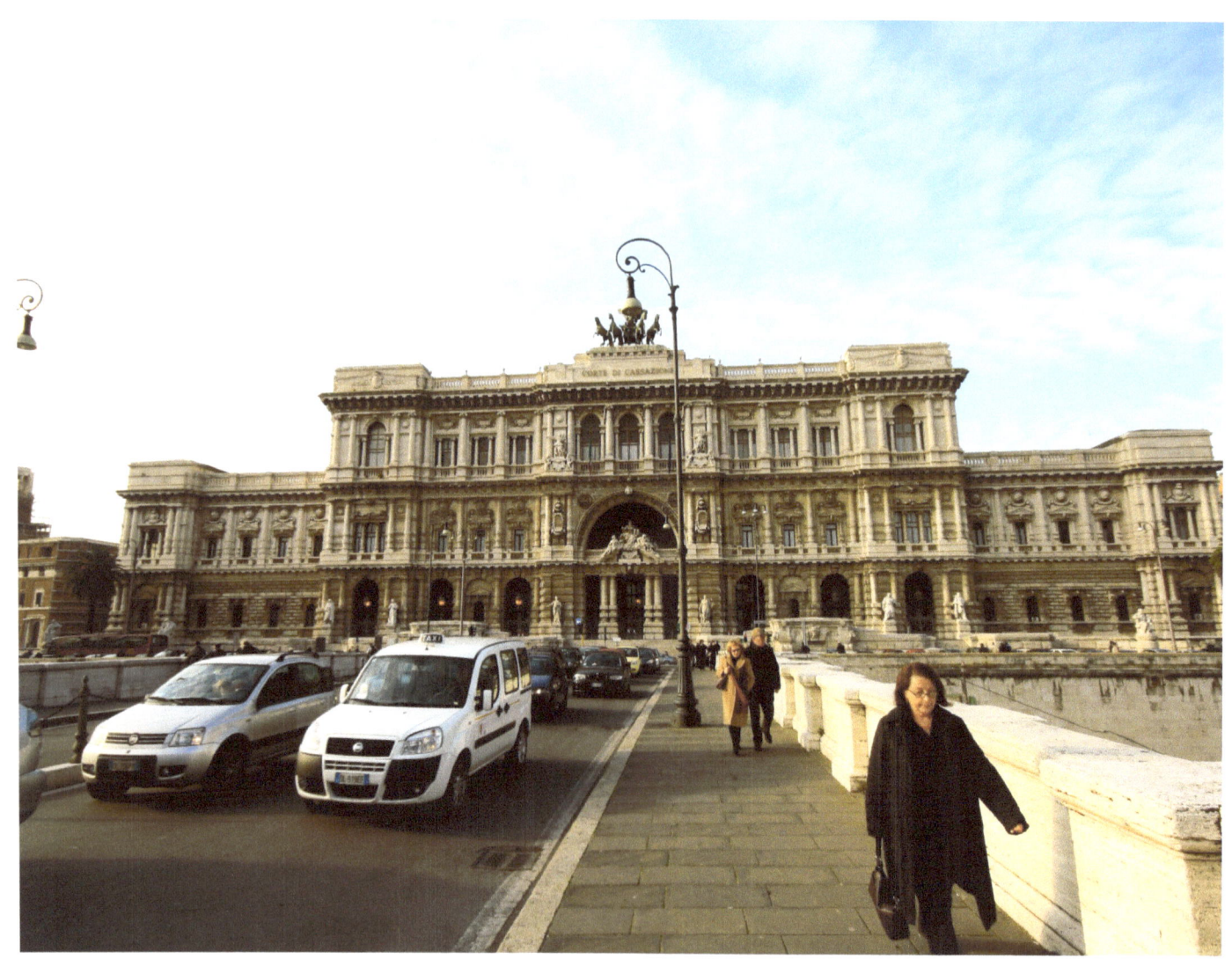

"Palazzaccio"

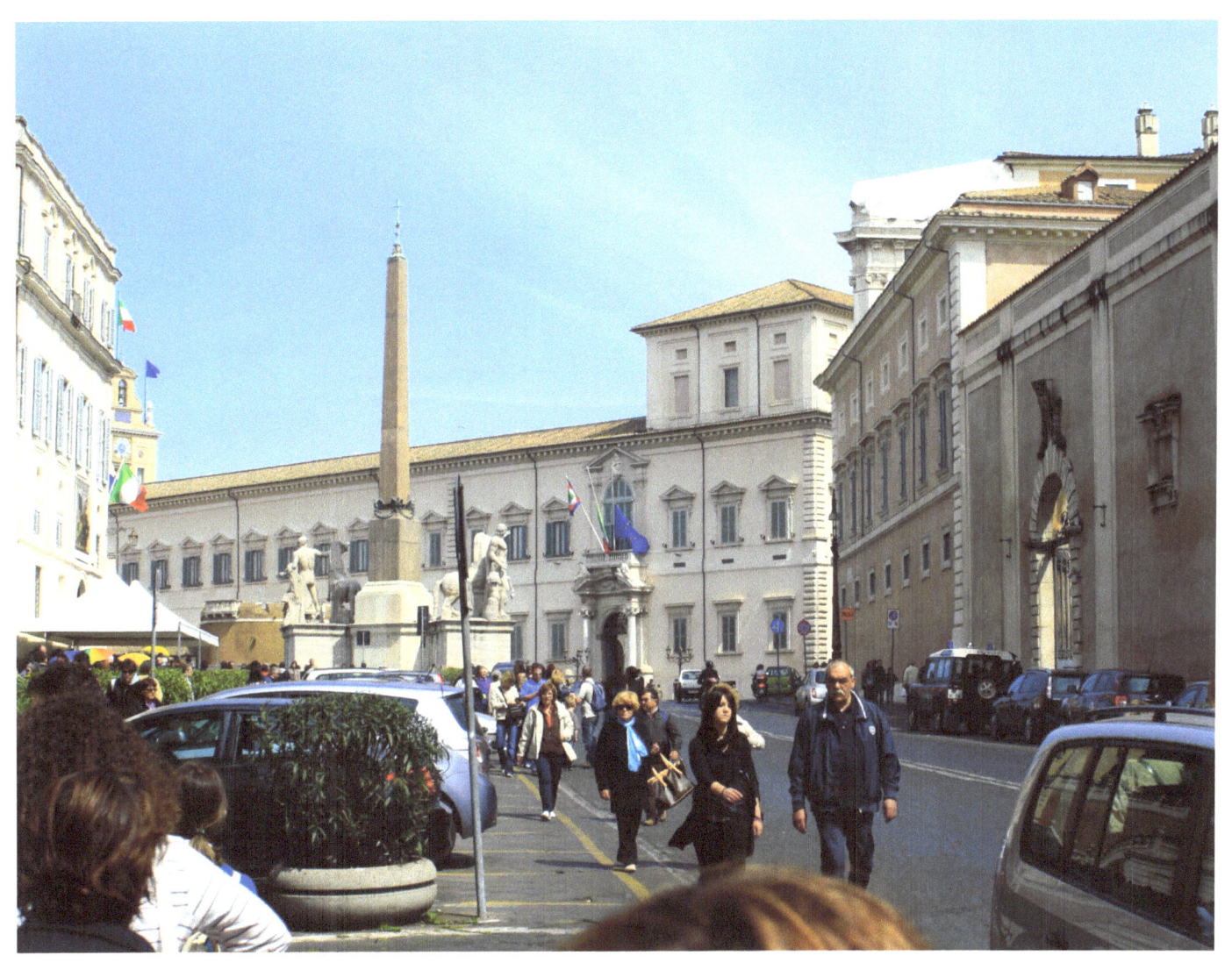

Palazzo del Quirinale

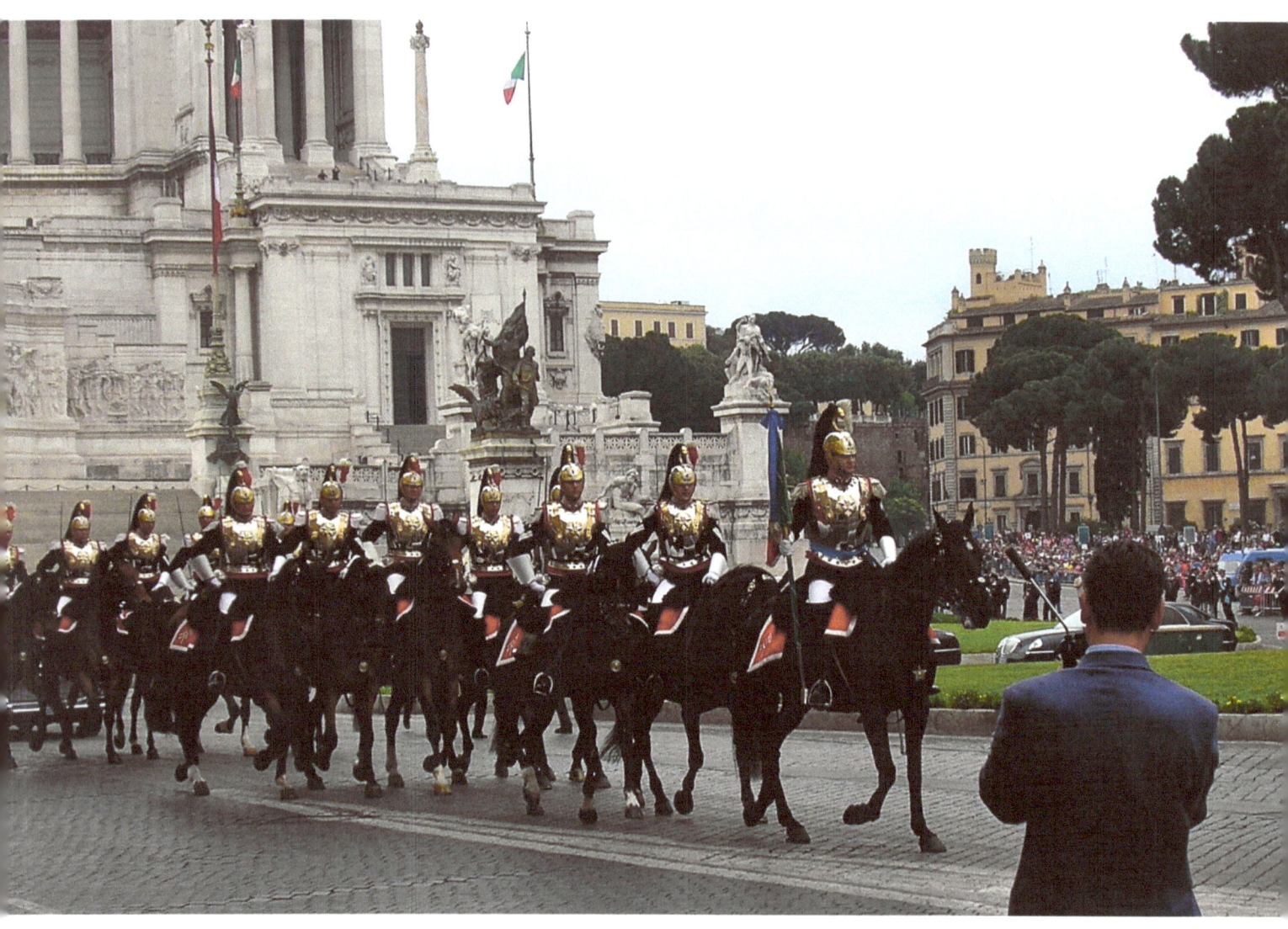

Piazza Venezia

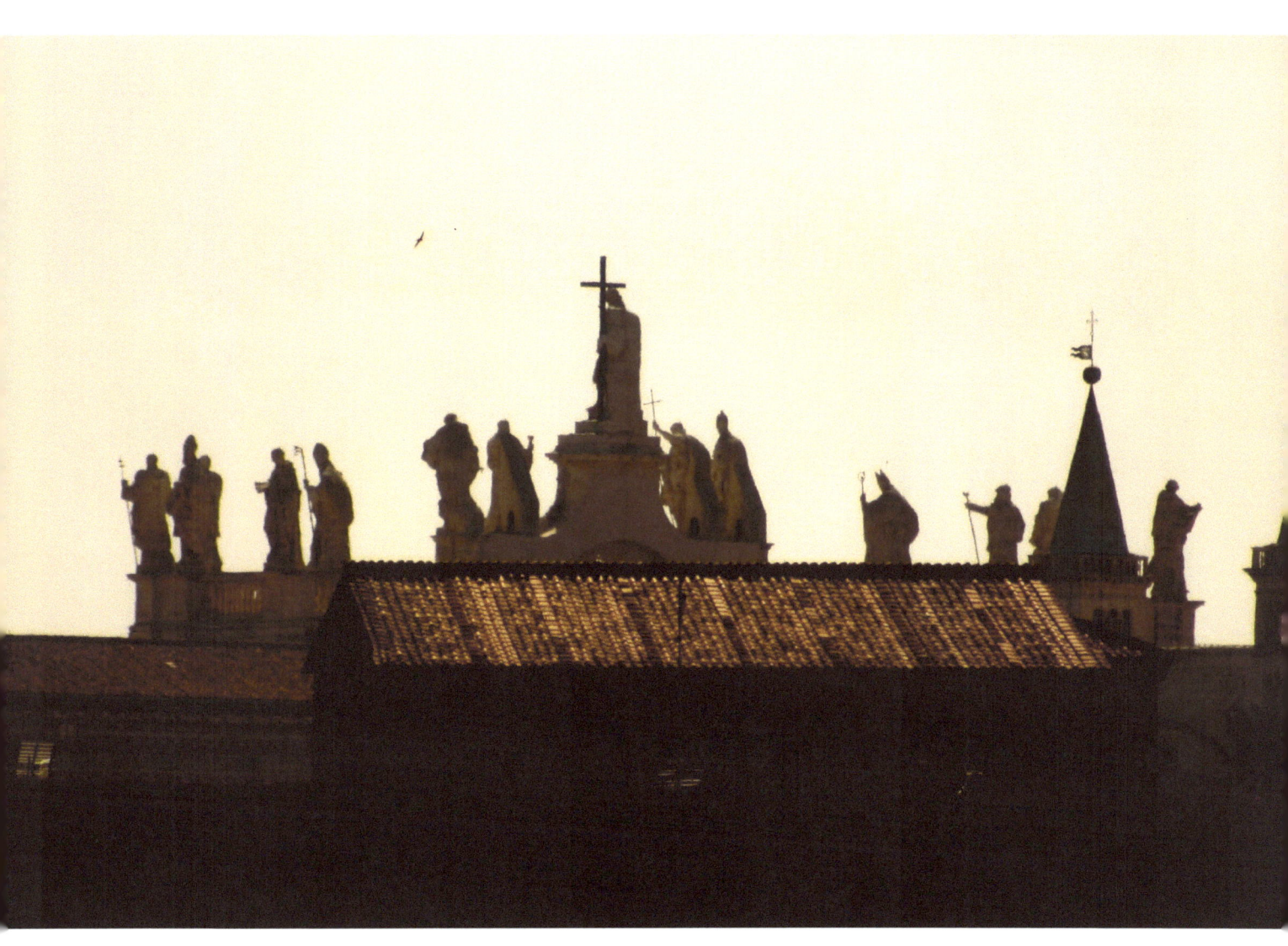

Basilica di S. Giovanni

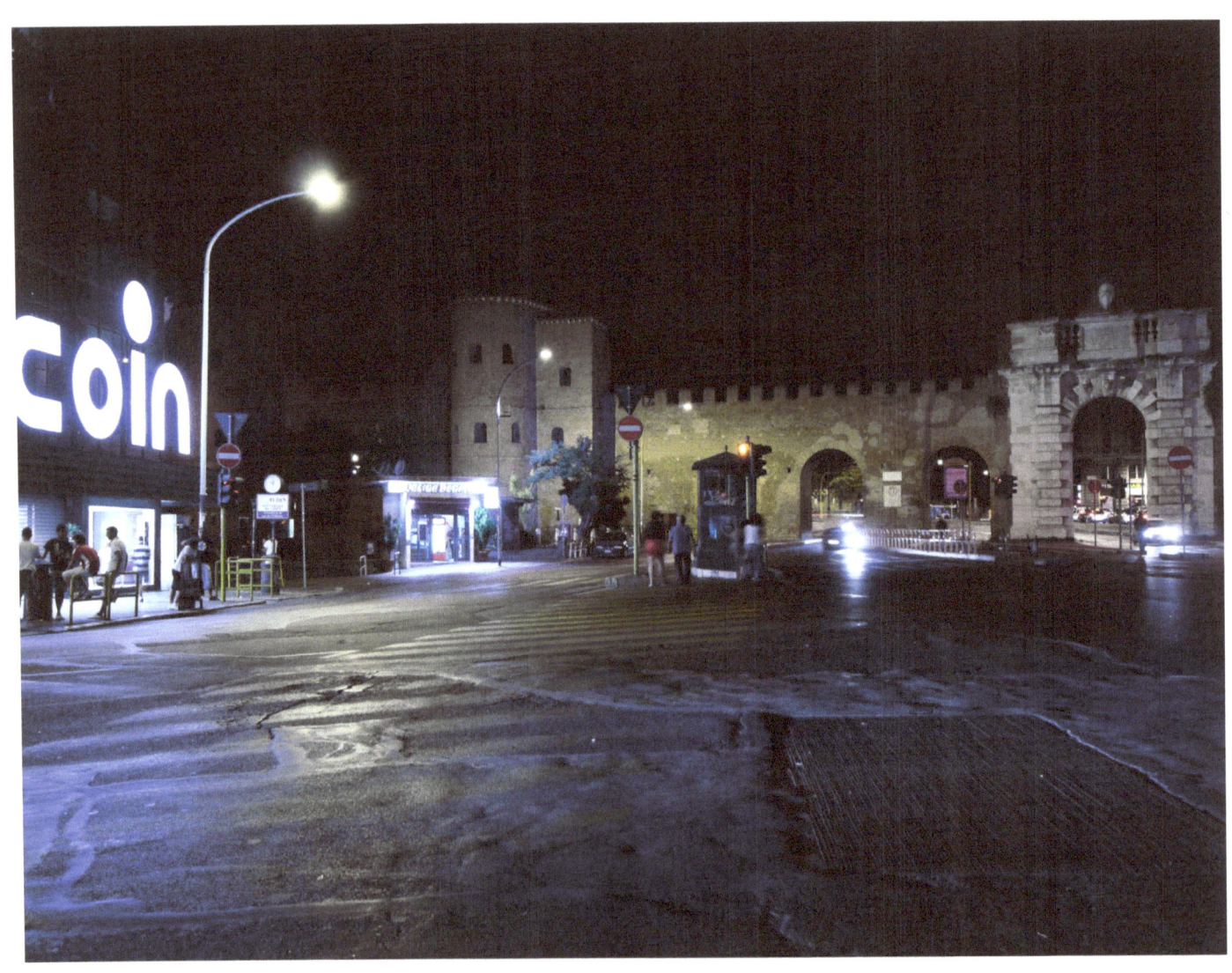

Porta S. Giovanni

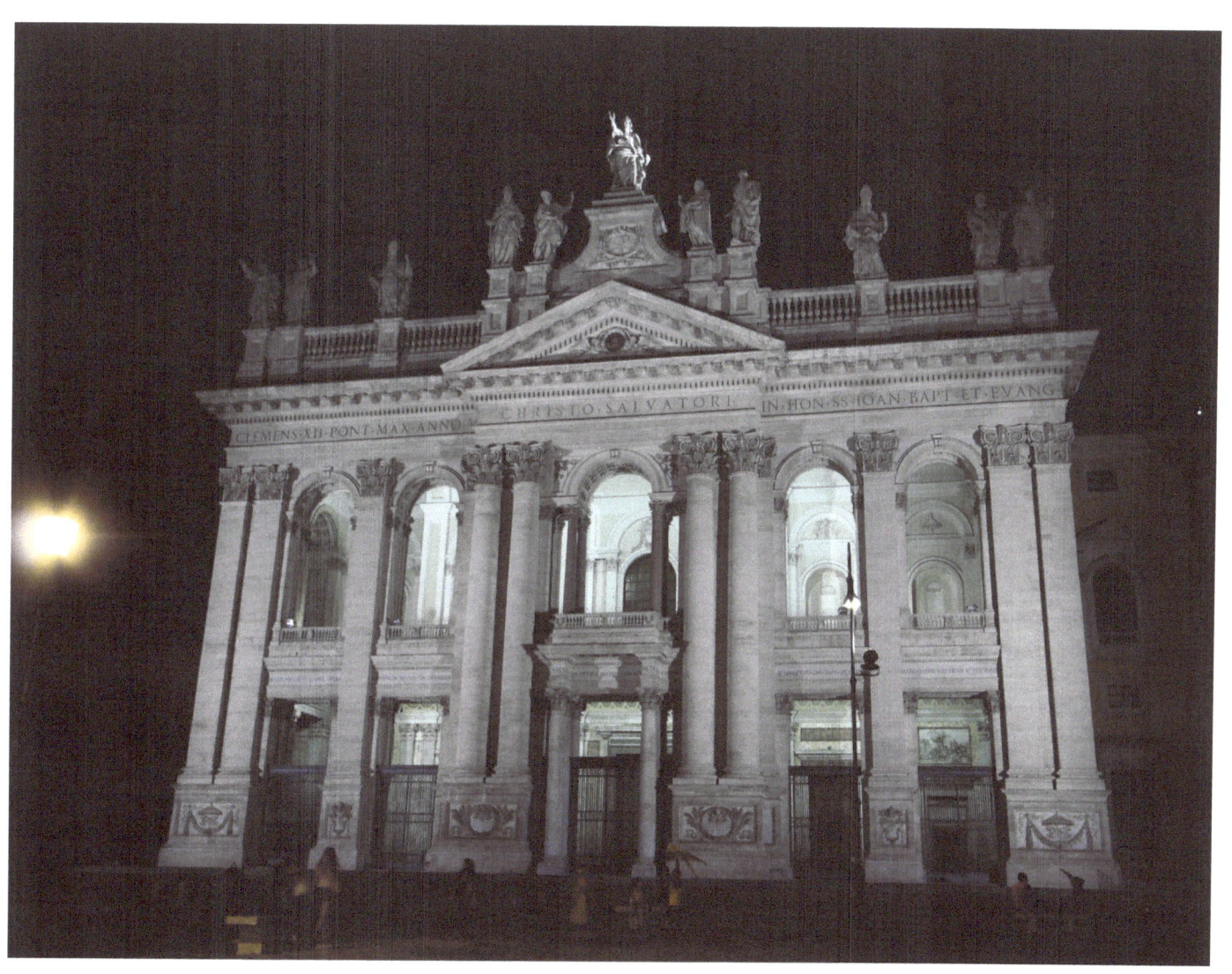

Basilica di S. Giovanni

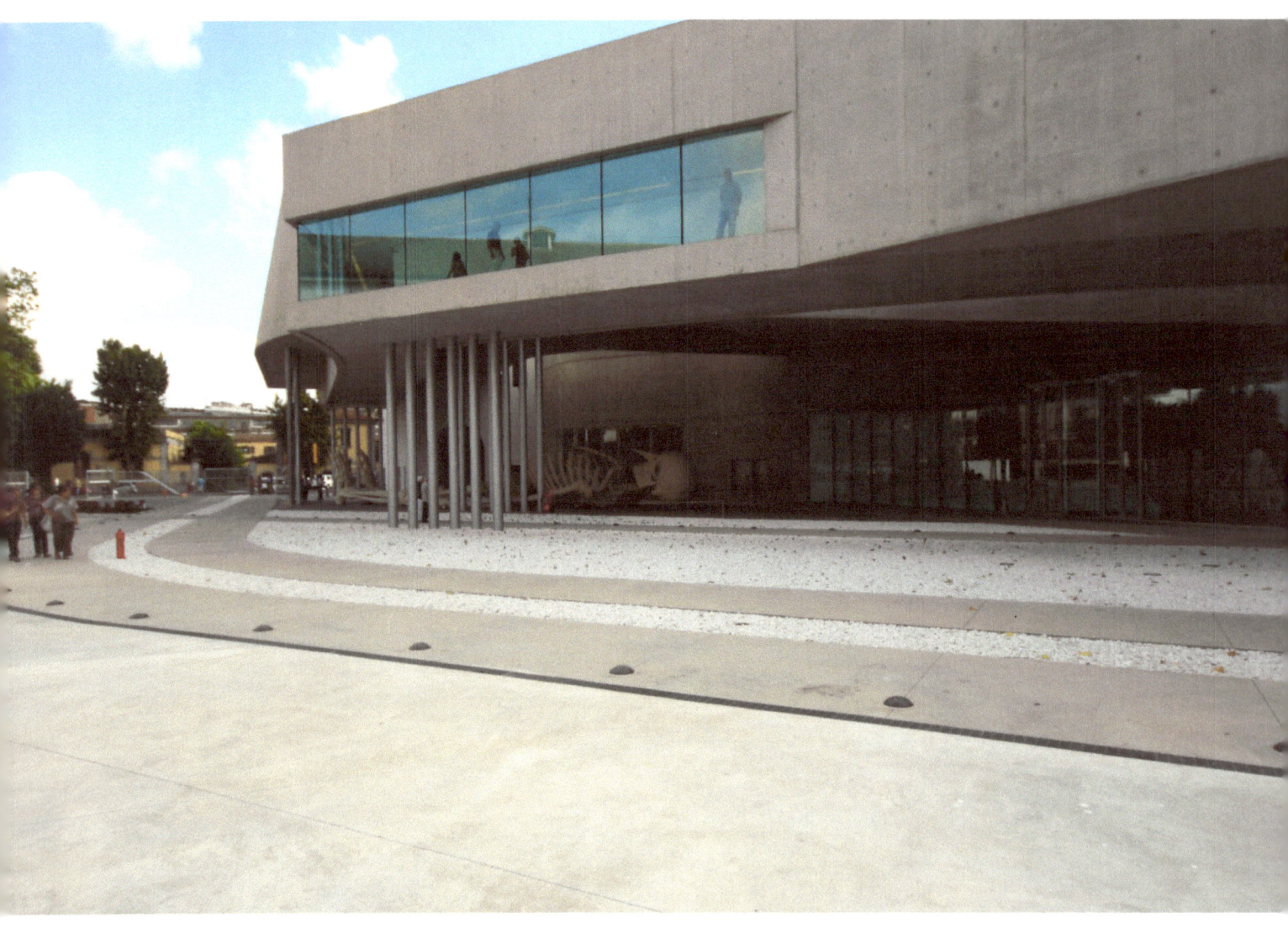

Museo Maxxi

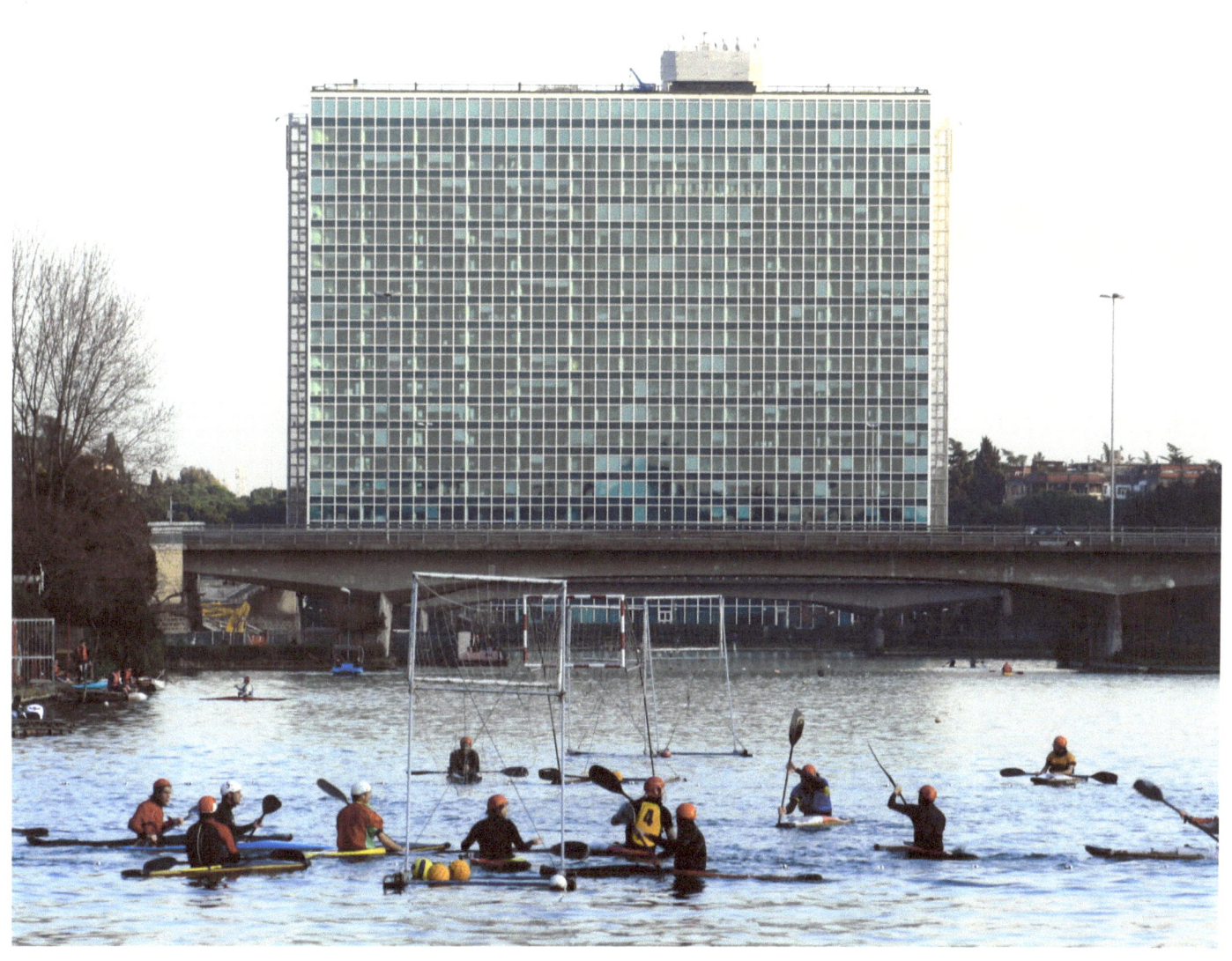

Palazzo di vetro dell' eni

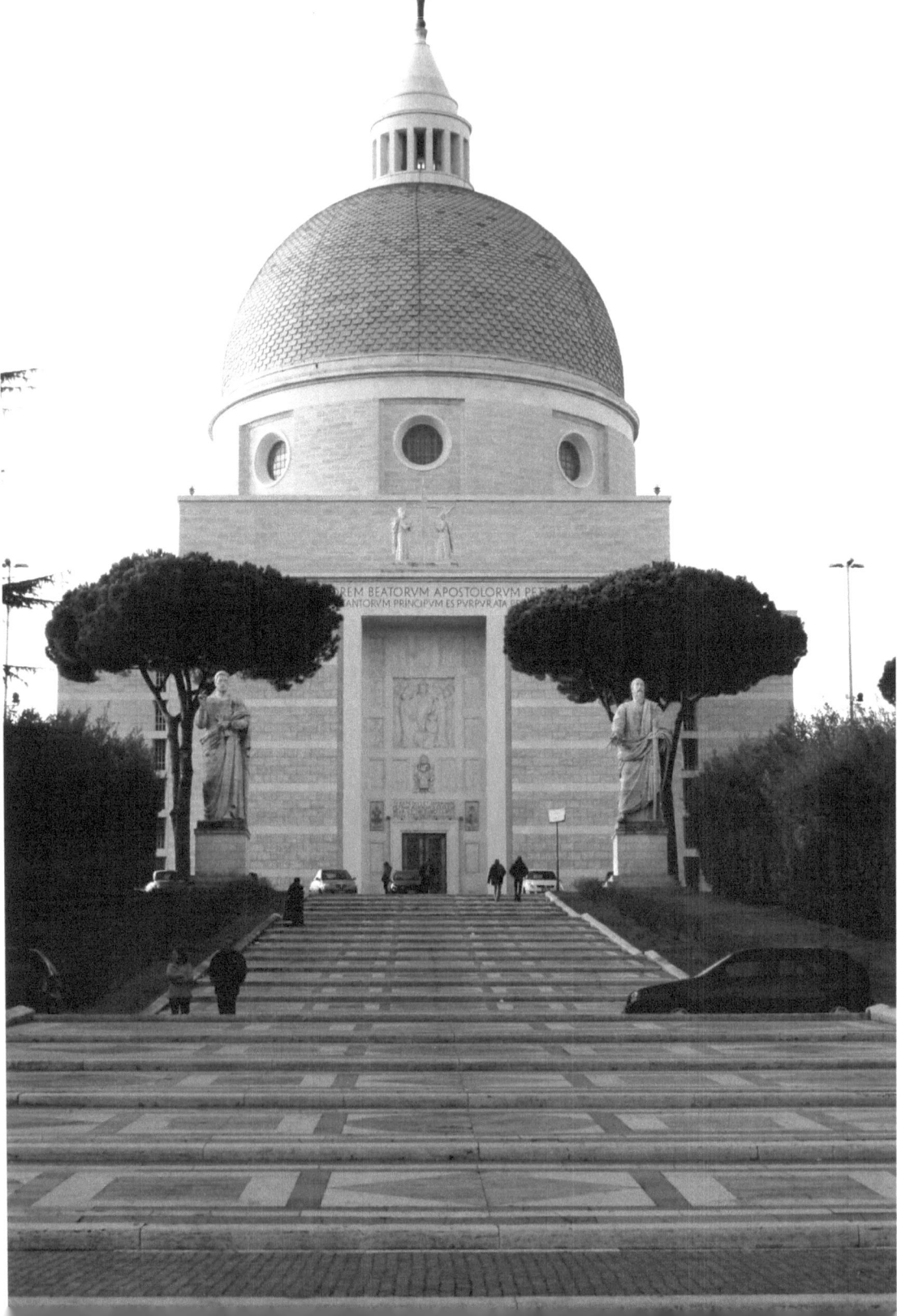

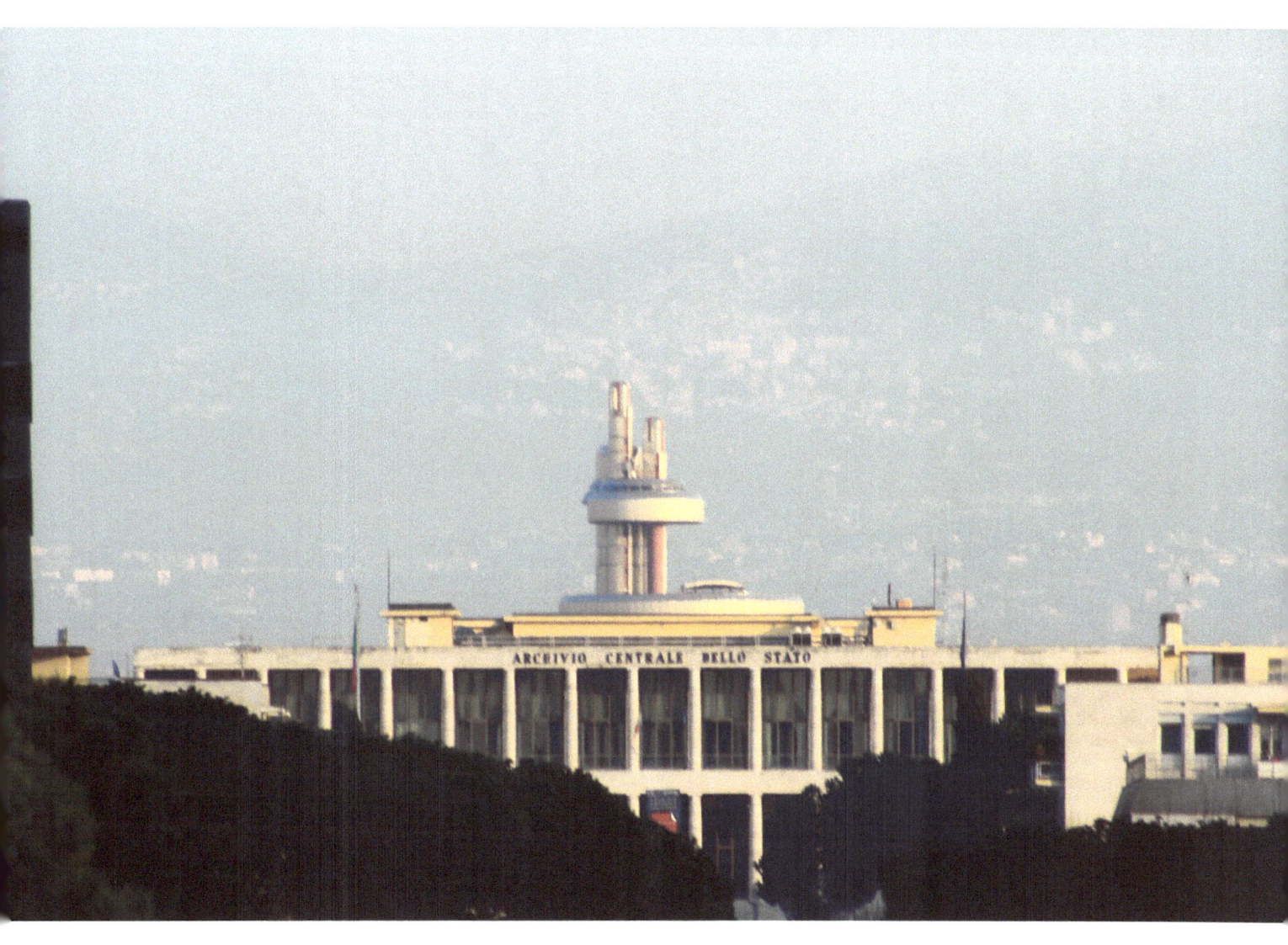

a lato / *facing page* : Basilica dei SS. Pietro e Paolo
sopra / *above* : Archivio Centrale dello Stato

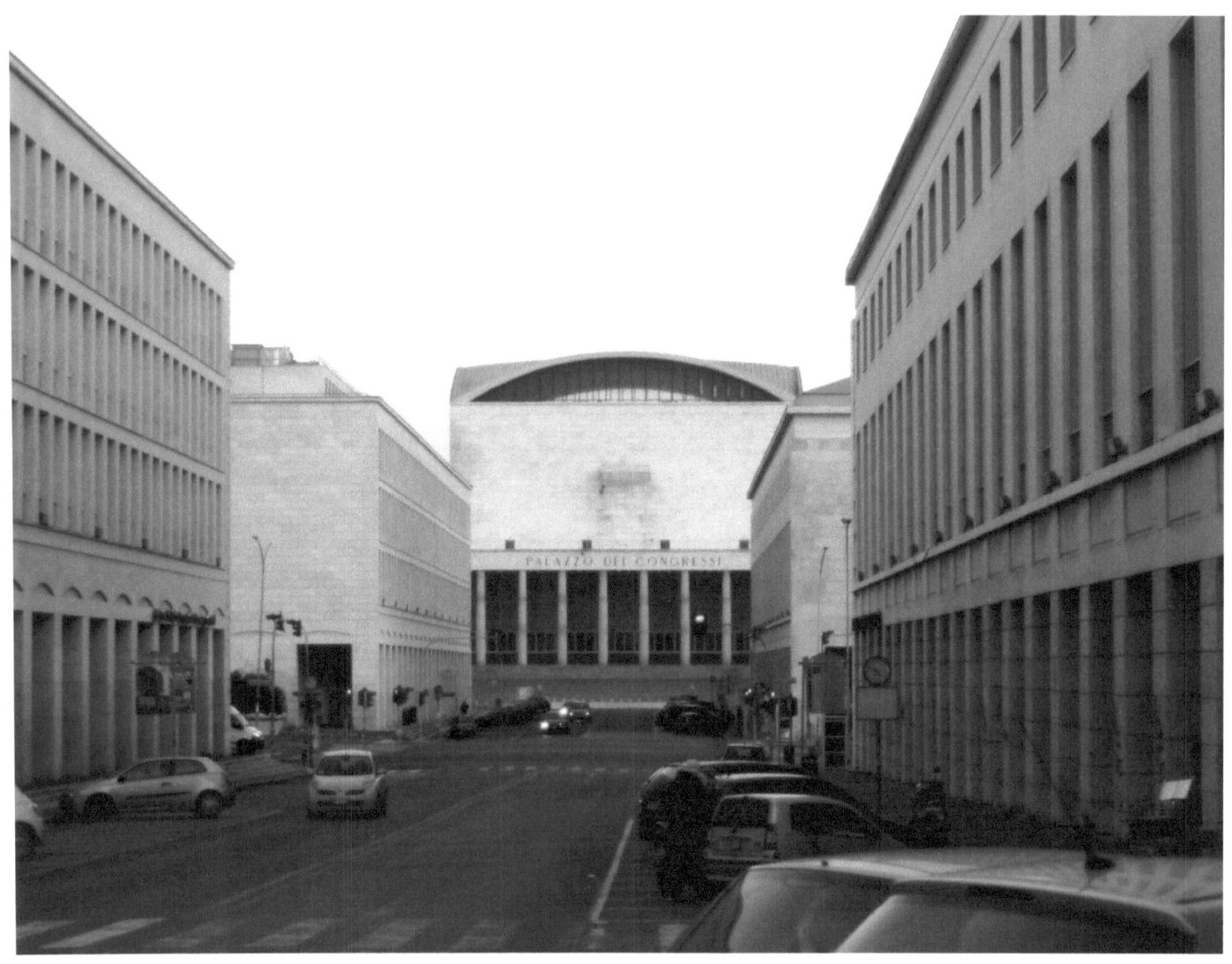

Palazzo dei Congressi

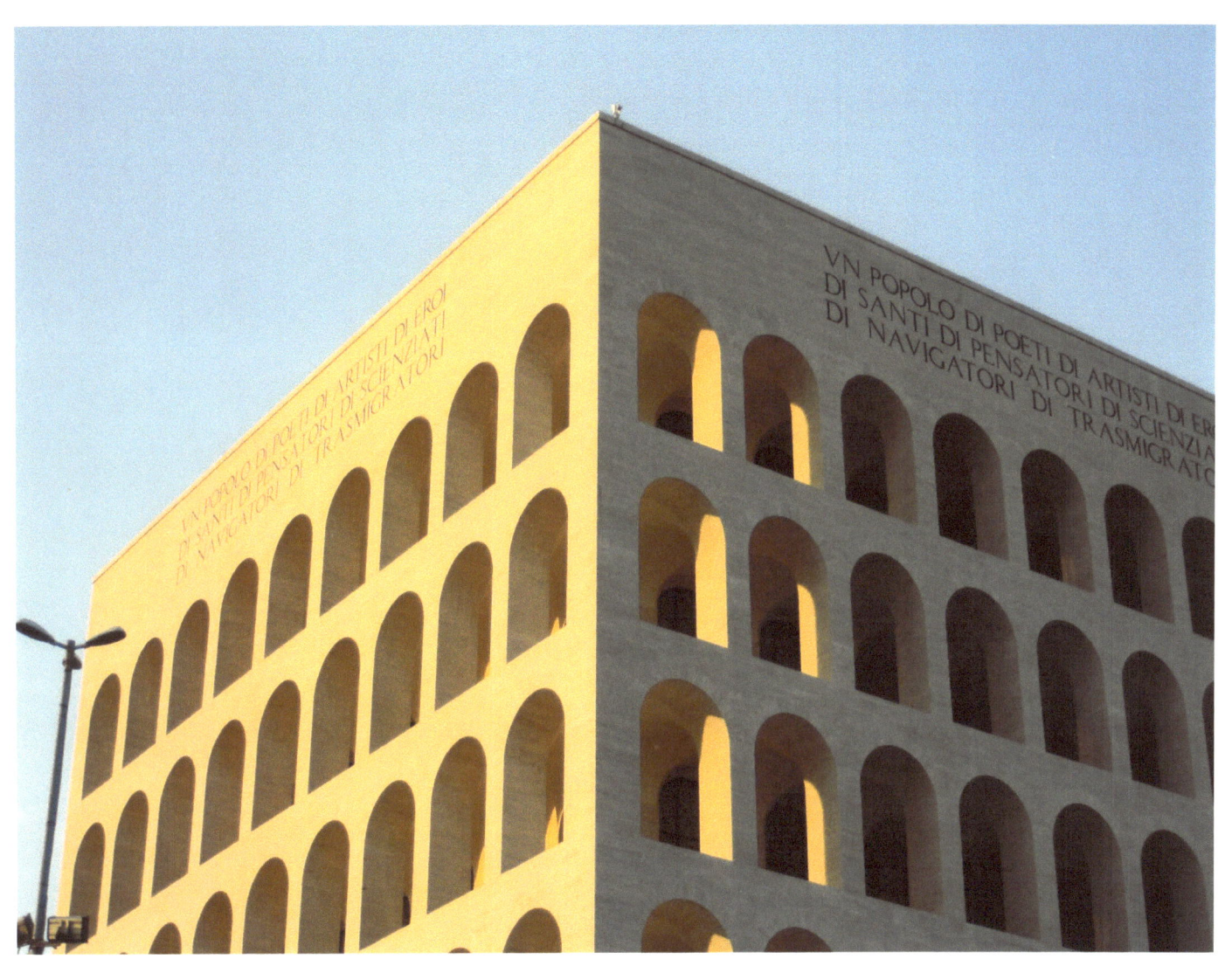

Palazzo della Civiltà Italiana

All'autore, classe 1964, piace definirsi "fornitore d'ingegno".
Dopo gli studi di ingegneria elettronica ha iniziato
ad occuparsi di informatica in una grande azienda.
Si è sempre interessato di fotografia seguendone
il percorso di evoluzione tecnologica.
Con il salto verso il digitale ha potuto sposare questo
interesse con l'altro, radicato, per l'informatica. Vive a Roma dal 1984.
Ama la musica jazz e canta in un coro gospel.
Si considera un cuoco mancato.

dante.perulli@teletu.it

The author, born in 1964, loves self-defining as a "supplier of wizardry".
After graduating in electronic engineering he started working in the
ICT department of a great Italian company.
He has always been interested in photography also following its technological
evolution.
The quantum leap from film to digital cameras allowed him to combine this interest
with the passion for IT.
He lives in Rome, loves jazz music and sings in a gospel choir.
He likes to consider himself as a chef manqué.

dante.perulli@teletu.it

www.ingramcontent.com/pod-product-compliance
Lightning Source LLC
Chambersburg PA
CBHW050803180526
45159CB00004B/1529